寻找中国人的自我

张世英 题

寻找中国人的自我

朱　滢　伍锡洪　著

北京师范大学出版集团
BEIJING NORMAL UNIVERSITY PUBLISHING GROUP
北京师范大学出版社

谨以此书纪念一位平凡的女性——汪慧丽 *

*汪慧丽是朱滢的妻子，在本书写作期间病逝，汪慧丽也是伍锡洪的朋友

赞　誉

关于"自我"的研究在哲学和心理学领域有很长的历史，结合文化与神经科学研究自我，是近年来涌现的一个全新的领域。本书首次从多学科的角度（包括心理学、神经科学和东西方文化对比）深入浅出地讲述了中国人的自我具有怎样的特点。相信阅读这本书会引起每一个人对自己的重新思考，对生活的重新认识。

——北京大学教授　韩世辉

在中国快速崛起的今日，中国人的自我也发生了巨大的改变。全世界的人都希望知道这种变化的意义，我们更希望了解我们自己。这本《寻找中国人的自我》以浅白流畅的笔调，回顾过去相关研究，有助于我们看清中国人"自我"的现状，让我们可以走向未来。

——台湾大学终身特聘教授　黄光国

中国传统的文化与历史从来都不会突出"自我"，我们谈的都是国家、社会、族群，我们强调的是集体，是"牺牲小我"的美德。时至 21 世纪，应该是走出这传统的条条框框、寻找自我的时候了。若不立己，焉能立人？不知道自己的定位，如何能发挥个人最大的作用？无论在日常的种种选择，或者在重大问题上的取舍，何去何从，是进是退，莫不与自我定位、自我理解有关。应该说，认识"自我"，就是成功人生路程的起点。

这本《寻找中国人的自我》一书，深入浅出，发人深省，帮助读者在今天全球一体化的环境下，研究什么是双文化的自我，释放个人潜能，堂堂正正，坦坦荡荡，成功找寻自我，做一个"大写的人"

——新西兰皇家科学院院士、奥克兰大学荣休教授　叶宋曼瑛我是谁？我有什么特性？我的性格是更多一点西方人的"个人主义"或者东方人的"集体主义"？中国人跟西方人"自我"的分别跟中华文化和西方文化有什么关系？如何证明？心理学家朱滢与伍锡洪的专著《寻找中国人的自我》，就是为了解答以上这些有趣和重要的问题。

作为在香港长大并接受大学教育、又在美国深造和工作了17年的我，对于本书的第七讲"中国人自我的心理特点：双文化自我"，特别感兴趣。但随着全球化的快速推进，具有"双文化"特征的中国人越来越多，相信很多读者也有兴趣进一步了解在这个"互联网+"时代的自我。

——香港岭南大学校长　郑国汉

序 言

　　这本小书试图以通俗的形式介绍中国人的自我是怎样的。中国人习惯说"在家靠父母，出门靠朋友"，又总是强调"血浓于水"，还津津乐道"塞翁失马"的故事等，这些说法或格言都反映出中国人自我的特点不同于西方人自我的特点。"自我"就是"我"，要超越自我，力求在学业上、事业上、生活上更上一层楼，首先就要认识"我"。所以，这本书的名字叫作"寻找中国人的自我"。

　　虽然中国人对笛卡儿的名言"我思故我在"并不陌生，但中国人对"什么是自我"却很陌生。这是因为，中国哲学并不讨论自我的问题，直到 2005 年著名哲学家张世英在其《哲学导论》中有专门一章讨论自我，这也许是中国哲学第一次系统地论述这个问题。中国哲学不讨论自我问题，因而中国文化也忽视了个人的存在。情形正如思想家梁漱溟所说："中国文化最大之偏失，就在个人永不被发现这一点上。"[1] 还因为，与中国哲学、中国文化相适应的是，在中国社会实际生活中，中国人作为一个个体从来没有被强调过。两千多年来我们要么强调帝王，要么强调集体，直到1978年改革开放，特别是2008年奥运会前夕，情形才开始有所转变，因此，现在是讨论自我问题的良好时机。我们两人在研究自我的心理学、神经科学方面均有10年以上经验，借此机会，把我们在研究中国人自我方面的所学所想奉献给读者，也是我们真诚的心愿。

读者从本书第一讲很快便可以明了我们两人对自我这个概念的阐述，体会到自我这个课题对当代中国人的重要性：突出自我是中国人精神上觉醒的表现。如我们在第二讲"文化与自我"所述，自我这个课题不仅关乎每一个中国人，也关乎中国悠久的文化与国人之间的关系：在传统文化影响下，中国人强调相互依赖。第三讲从乡土社会传统习俗的角度讲述中国人互倚型

---

1 梁漱溟. 中国文化的命运. 北京：中信出版社，2010.

的自我。第四讲从儒家孝文化的角度指出，中国人是他父母的儿子而不是他自己。之后，我们引用心理学的专题研究，和读者探讨中国人自我的三项心理特点：一是中国人自我包括母亲（第五讲）；二是中国人自我是辩证的自我（第六讲）。这两项心理特点代表了中国人自我与以美欧为主的西方人自我的重大区别。第三项中国人自我的心理特点是在全球一体化下和通过与异国文化的接触中，越来越多的中国人会发展出双文化的自我（第七讲）。在本书的第八讲，我们介绍神经科学对自我的研究，读者会惊讶地发现，中国人与母亲的亲密关系已深入脑髓！第九讲是中国青少年自我的发展。书中附录有一篇文章是《哲学家张世英谈自我》。张先生指出，"当前，我们还是应当在会通中西、取长补短的大原则和总的趋势下，更着重注意学习、吸纳（西方人的）'独立型自我观'。"

　　本书附有一份珍贵的历史文献：古代中国人自我结构图，这是 1885 年英国人詹姆斯·理雅各（James Legge）翻译《礼记》时绘制的。哲学家冯友兰在他的一篇文章中指明了该图的出处；此外，书中还有不少图片，如崔健演唱时奔放的表演，小学生"我读故我在"的墙报，美国西部牛仔彪悍的形象，中国和美国普通老百姓居住的房子，辛亥革命后出版的第一本新编小学教科书第一册第一讲"人"字的插图，等等。这些图片形象地表达了中国人自我的概念；再有，书中的心理学实验也多用图表说话，帮助理解。总之，我们希望读者在看本书时就像是一次寻找读者自我的愉快旅行！

自我问题十分复杂，我们的学识有限。书中不妥之处，诚恳欢迎广大读者批评指正。

朱　滢　伍锡洪

2016 年 7 月分别于北京和香港

目 录

第一讲

漫谈自我

在正式引入本书主题之前，我们先来看几个例子，这些例子有的来自新闻报道，有的是发生在我们身边的事。

一、漫谈自我

中国人、美国人

我最近买了套房子，我感觉这件事是照我的意愿决定的。但仔细回忆一下，其实我原本更倾向于租房子，是我妈一直让我买房来着。我要是美国人的话，现在一定仍在租房子住，但我是中国人（田利平，2002）。

美国人"不会通过别人的眼睛去观看一切，也不会通过书本的假象去认知一切"（美国诗人惠特曼）。

摇滚乐歌手崔健喊出了中国人的自我

现代西方世界起源于工业革命，而工业革命之前有一场必要的精神革命——文艺复兴。中国也正在经历这样一个过程，这个过程首先从承认自我、承认人性开始。崔健就起到了这样的启蒙作用。1986年崔健演唱的《一无所有》在当时不啻为一声惊雷，诞生出"我"的概念并立即开始在当时的青年心中激荡，因为在过去的歌曲和"红色经典"中，"我"的个人主体是被忽视的，"我"只是一个集体性的归属，正是《一无所有》中"问个不休"的"我"才宣告了

图1.1 崔健在演唱（《北京晚报》，2016-01-13）

个体独立意识的觉醒，从而让一种淳朴自然的个人表达找到了突破口。当年那些歌迷来信几乎没有人把崔健当作一个偶像歌星来崇拜，而是纷纷倾诉：他们从崔健的音乐中找到了自己。《一无所有》第一次提出了"我"这个概念，在这之前，中国的歌曲里只有"我们"，即使有"我"，也是"我爱北京天安门""我是一个兵"之类。而在崔健的第一张专辑里，一共有150多个"我"。《一无所有》这首歌不仅属于青年，也属于全民（《南方周末》，2013-01-17）。

《红高粱》电影

莫言思考过《红高粱》成功的原因，他认为，20世纪80年代正是中国改革开放的初期，经过长期压抑的人们内心深处有很多东西需要释放，而《红高粱》的主题正是强烈要求个性解放。影片中，无论是男人还是女人，都是能够喝酒、敢说敢做敢爱的人，这种追求自由的精神满足了老百姓的需求。

实际上，要求个性解放、追求自由的精神，也就是要求承认自我，进而追求自我崛起的精神。因为个性是我的个性，自由是我的自由。

姚明的自我

姚明退役了！前国家体育总局局长刘鹏称，姚明影响力远超体育，成为中西方文化交流使者。这真是一个恰当的评语。为什么是恰当的评语？从2011年7月25日姚明退役仪式暨表彰典礼上姚明的一句话就可以理解。在典礼上，来自山西的一名普通球迷给姚明送上一幅自己的画，上面有三个人，都是姚明，分别在扣篮、盖帽和投篮，名称是"中国长城"，姚明自然地感叹："那就是本我、自我和超我。"

心理学家弗洛伊德（Sigmund Freud，1856—1939）是心理分析学说的创始人，被世人认为是与达尔文和马克思齐名的19世纪最重要的三位思想家。"本我"（Id）、"自我"（Ego）与"超我"（Superego）是弗洛伊德提出的心理分析的概念。"自我"一词在西方家喻户晓，因为人人都在为"实现自我"而奋斗。姚明在美国拼搏多年，他知道美国文化是怎样的，他知道美国人是怎样的。面对球迷送来的三个姚明画像，姚明脱口而出，以"本我、自我和超我"三个"我"共为一个"我"的西方语言，深刻而机智地表达了自己的感叹，"那就是当年的我啊！"

屠呦呦勇敢为自我辩护

屠呦呦是首位中国大陆获得诺贝尔生理学或医学奖的女科学家。以下是美国《纽约时报》记者与屠呦呦的问与答（《参考消息》，2015-10-11）。

问：有人——包括你的一些前同事——批评说，你不应该是发现者，因为那是团队努力的结果。

答：过去我们都信奉集体主义。我只想做好工作。当然，没有我的团队，我什么也做不出来。外国人阅读了历史记录并选中了我。中国的奖励总是发给团队，但外国的奖项是不同的。这个荣誉属于我、我的团队和整个国家。

自我与教育

2015年英国广播公司（BBC）推出了一部纪录片《我们的孩子足够坚强吗？中式教育》，该片记录了5名中国教师到英国给50名13~14岁的中学生上课一个月的情形。纪录片显示，教师与学生彼此都不满意对方，人们认为这是文化差异造成的。

中国教师不满意英国学生在课堂上不守纪律，闲聊，做鬼脸，甚至打闹；英国学生不满意中国教师填鸭式的教法，一名学生说："我像个机器人，不停地记笔记"，"在课堂上我发现自己没有发言权，只有老师说了算"；另一名学生说："他们（中国教师）的教学方法确实有效果，但我们并不觉得自己学到了很多东西。"

人们分析、争议中国式教育方法为什么在英国行不通。

华人作家薛欣然指出了英国和中国学校存在的文化差异。他说："在中国，学生一进教室，老师就告诉他们，你一定要好好学习，这是你对国家、民族和家庭的责任。"在英国，老师会问学生："你未来想做什么？你想实现自己的什么目标？"英国记者西蒙·詹金斯也强调了中英的文化差异，他说，"我们会教（学生）反叛、破坏和创造"而不强调死记硬背。事实上，中国的教育更像工厂流水线，每个人基本上是一模一样的思维，而每个英国小孩都不一样。比如教学生做灯笼，中国学生会尽量做得跟老师的一模一样，但英国学生做出来的灯笼形状各异、五颜六色。

现在让我们从自我的角度来看中英教育的差别。

西方人的自我是独立的自我，具有自由、理性与个性三大特征。学校从小就培养学生为"实现自我"（实现自己的目标）而努力。这种培养注重自由（你可以问任何一位处于教育研究前沿的专家，他们会告诉你，课堂乱一点并不总是坏事），注重理性（我们的教育系统会鼓励学生跳出固有思维，勇于承担风险，质疑先入之见），注重个性（英国学校具有"以学生为中心进行教学的理念"）。然而，中国人的自我是互倚的自我，强调个人从属于家庭、集体，最终从属于国家。中国学生为父母学习，为国家学习（"你一定要好好学习，这是你对国家、民族和家庭的责任"，北京大学现在的校训之一就是"为国求学"），因而固守自己的社会角色——学生，学生就要听老师的话，听父母的话，学生没有勇气与老师平等地交流或质疑老师所讲的内容，也很少在课堂上提问。

没有自我，所以忙碌

在我们匆忙从办公室冲向健身房再去吃晚餐，并骄傲炫耀我们忙碌不堪的日程安排时，有必要回想一下，150年前丹麦哲学家克尔恺郭尔的告诫："在所有荒唐的事情中，我认为最荒唐的就是忙碌，匆匆忙忙地吃饭，匆匆忙忙地工作……令我感到奇怪的是，这些忙碌的家伙到底想干什么？"美国哲学家伊文思解释说，克尔恺郭尔认为，忙碌是将一个人的注意力从真正重要的事情上转移开来的办法，比如你是谁以及生命的意义是什么。你没有也不想意识到这一点，你没有自我，你不得不总是保持忙碌（《参考消息》，2016-04-25）。

孟非的忠告

江苏卫视《非诚勿扰》节目主持人孟非说："我特别不同意听到一句话：结婚不仅仅是两个人的事，还是两个家庭的事。这句话听上去貌似有理，其实想想没多大道理。结婚跟两个家庭有没有关系？它当然有一定的关系，但归根结底是你们两个人相爱之后，最后愿意走到一起共同生活的决定。我会把这句话告诉我的女儿：如果有一天，你找的那个人不管他是什么职业，受教育程度如何，他家庭背景如何，他有钱没钱，他帅不帅，都不管。当这个男的说，我要结婚这件事要回去听我爸妈的意见，他们的态度会影响我的决定。我要说，这样的人你不能嫁给他，因为他连结婚这个事都要回家听他爸妈的，说明他还没有做好准备独立选择与他共同生活的人"（2016-05）。

当今关于自我的口号

"自我"一词如今在书籍、报刊、广告、口号中经常出现，但人们使用的"自我"一词有各种不同的含义。有人把"自我"看作"自私"，例如房地产开发商潘石屹认为，在朝向真理的道路上，最重要的就是消除自我。影星陈宝国也教导自己的儿子要自信，但不要自我。有网民说，美国很霸道，很自我。自私是"自我"的一义，原本是传统中国哲学的主张，我们以后会讨论到。20世纪80年代初，中国女排连续夺取世界冠军，举国振奋，女排提出"战胜自我"的口号传遍全国。2008年航天员景海鹏在接受采访时表示，我们克服了困难，战胜了自我。在这些说法中，自我不再带有自私自利的贬义，而是指自己原来的竞技水平或身心状态；广告词"纯粹的自我——×××服装"，"新自我——×××手机产品"。上海四川北路一家服装店干脆以"自我—ego"命名（见图1.2），在这些场合，"自我"

图 1.2　上海四川北路一家服装店

就是独特性的意思，因为自我表现已成为时尚。

　　一位作者在《北京晚报》发表文章《北京街头感觉"我"》，他说，所谓在北京街头感觉"我"，就是走在北京街头在脑里出现的关于自我的意念。在这里，"我"就是"自我"。据中国心理学家杨中芳考证，传统汉语里没有"自我"这个名词，它是受西方"self"这个名词的影响而组成的新名词。看来，中国人用"我"代表"自我"大概是"自我"在中国最通常的含义了。"自我批评"是过去几十年间中国人常常听到的说法，"自

我批评"就是"我批评我", "自我介绍"就是"我介绍我",
如此等等。

2008 年北京奥运会前,各种突出"我",即突出自我的口号纷纷出现。例如, "我排队,我礼让,我快乐""我行动,我健康,我快乐",等等。目的是在实践这些口号的过程中,让北京市民以良好的姿态和心理、身体素质展现在世界各国朋友面前。从那以后,各种突出自我的口号又纷纷出现,例如,2010 年上海世博会:"我探索,所以我快乐";2010 年人口普查:"人口普查我参与", "入户调查我配合";2011 年反对被动吸烟:"被吸烟,我不干";2016 年提倡创业和创新的口号:"我创故我在"。其他如针对小学生的口号:"做最好的我", "我努力,我真棒";针对一般市民的口号:"低碳生活,从我做起", "孝敬老人,从我做起",等等。

突出自我是中国人精神上觉醒的表现

1978 年改革开放后中国人身心得到极大的自由,个人的主动性得到极大地发挥,以北京奥运会为契机,2008 年前后突出自我的口号纷纷出现。

　　突出自我是中国顺应历史发展的表现。评论家苏文洋说，20世纪是国家民族崛起的世纪，21世纪是人的崛起时代。中国"在国家民族崛起之后，人的追求自我崛起就是一个很自然的新目标"（苏文洋，《北京晚报》，2011-06-13）。

二、自我，是什么

　　"自我，是什么？"最简单的回答，自我就是镜子里的我。但是，18个月以前的婴儿不能在镜子里认出自己，他们没有自我；一般动物，如鱼、猴子不能在镜子里认出自己，它们也没有自我。动物中只有猩猩、大象和海豚能在镜子里认出自己，它们具有自我。检验是否有自我的实验步骤大致是：把猩猩麻醉，然后在它额头上涂记号，在它清醒后，让它在大镜子面前自由走动，当它看见镜子中的猩猩时，能用手指着自己额头的记号，或想要用手擦掉记号，这就说明它能识别出镜子里的形象就是它自己。心理学家假定，只有猩猩的头脑里具有我（自我）的形象，这样，它才能把心中的自我形象与镜子里的形象对照，从而认出自己。猴子心中没有自己的形象，看见镜子里的自己，它以为是另一只猴子，通常的反应就是攻击它。

当猩猩、大象、海豚和人能在镜子里识别出自己时，就说明它们能把"我"作为客体来注意了，在这个基础上，它们也能够用自己的经验去推测别的猩猩、大象、海豚的经验与心理。

当然，自我非常复杂，在现有研究的基础上，美国心理学家克里（S.B.Klein, 2012）把自我分析成好几个功能相对独立但又相互作用的系统。现在，人们把自我看作一个多重系统。这些系统是：

（1）一个人的情景记忆。人类有五种记忆系统，从种族与个体发展来说，情景记忆是最高级的一种。它指的是一个人亲历的对发生在一定时间、地点的生活事件的记忆。例如，我1983年在美国密西根大学学习、工作了一年；我昨天上午在北京图书馆看书，等等。这类记忆不同于语义记忆，语义记忆是关于世界知识的记忆。例如，水的分子式是 H_2O，东京是日本的首都。语义记忆是大家共有的，但我的情景记忆只属于我一个人。虽然 1983 年在美国密西根大学学习、工作的各个国家的人不少，但我的经历、我的感受仍然与别人大不一样。

（2）一个人性格特点的记忆。例如，我是急脾气的、勤劳的、勇敢的、爱干净的等。对脑损伤患者研究表明，患者可丧失其他记忆，但对自己性格特点的记忆不会遗忘。

（3）一个人生活的语义知识。例如，我小时候住在广西柳州市湾塘路李子园 16 号，我的叔叔叫李大明等。

（4）对时间持续性的经验。现在的"我"与过去某一时点的"我"是连接的，用一位诗人的话来说就是，故我、今我共为一个我。

（5）一个人能动和拥有的感觉。"我"是我行动的原因，不同于自然界和社会的因果关系。例如，"我扔了一块石头"，在这个过程中，"我"是扔石头的原因，即我是我行动的原因；"地震使许多房屋倒塌了"，在这个过程中，"地震"是房屋倒塌的原因。在上述两个事件中，"地震"与"房屋倒塌"有必然联系，是因果关系。但"我"与"扔石头"之间没有必然联系，因为"我"也可以不扔石头，也许我这辈子都不扔石头。

"我扔了一块石头"是我自由选择的结果，"我"只是"扔石头"的逻辑主语。这样，我们有两种逻辑形式：因果关系和自由选择。因果关系和自由选择的区分是由约翰·希尔勒（John Searle）提出来的。

（6）自我反思的能力。例如，我想我是怕狗的。"我是怕狗的这种心理状态"成为我思考、反思的对象。4 岁以前的小孩不能说出"我想我是怕狗的"话来，他只会说："我怕狗。"自闭症患者缺乏自我反思的能力，因而他们的内心世界十分贫乏。

（7）身体自我：表征和再认自己身体的能力。例如，在镜子中认出自己，能识别自己的照片。

图 1.3 是一项心理学面孔实验的结果。Keenan 等人 (2001) 将需要做脑外科手术的患者当作被试。首先，患者面孔 (50%) 与梦露面孔（50%）经过技术处理合成一个面孔。然后分别麻醉患者脑部的左半球或右半球，在麻醉期间呈现合成面孔给患者，要求他们记住呈现的面孔。麻醉期结束，让被试回答刚才看见的是自己的面孔还是梦露的面孔（实际上，所呈现的面孔是由

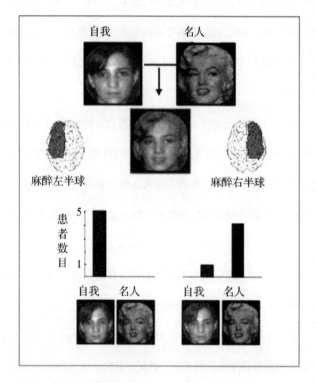

图 1.3 Keenan 的实验（2001）

50% 的自我面孔与 50% 的梦露面孔合成的）。结果是，在麻醉
脑左半球时，所有 5 个被试都认定，他们刚才看见的是自己的
面孔；然而，在麻醉脑右半球时，4/5 的被试认为，他们刚才看

见的是梦露的面孔。换句话说，当脑右半球功能正常时，人们倾向于认定是自己的面孔，而当脑左半球功能正常时，人们倾向于认定是名人的面孔。这项研究表明，识别自己的面孔是脑右半球的功能。

三、文化与自我

两个小朋友的自述表示了不同的自我

让小朋友对自己进行描述，得到两种典型的回答。一个6岁美国小朋友的自述是这样的：我是一个让人惊奇、特别聪明的人，一个爱逗乐的人，一个关心别人的人，一个好学生想要进康奈尔大学，一个愿意合作、帮助别人的人（见图1.4）。

而一个6岁中国小朋友的自述是另一种样子：我是一个人，我是一个小孩，我喜欢扑克牌，我是我妈妈、爸爸的小孩，我是奶奶和爷爷的小孙子，我是一个特别用功的好小孩（见图1.5）。

上述两个小朋友关于自己的描述大体代表了中美成人的描述，即美国人偏重描述自己的个性特点，而中国人偏重描述自

图 1.4　一个 6 岁美国小朋友

己的社会角色。偏重描述自己的个性特点是独立性的表现，而偏重描述自己的社会角色是依赖性的表现。

　　社会心理学家尼斯本特和贵产增田（Nisbett & Masuda, 2003）观察到："独立性或依赖性的训练开始得很早。西方人的婴儿与他们的父母睡不同的床，甚至不同的房间是很平常的事，但这样的事情在亚洲极少发生（中国小孩与母亲睡一起直到 6 岁左右）。好几代中国成人通常围绕一个婴儿忙得团团转，而日本婴儿也总是跟着妈妈。"

图 1.5　一个 6 岁中国小朋友

中国与美国房屋的差别表示了不同的自我

人类学家许烺光（Hus，1981）的眼光很独特，他注意到了美国人的住房与中国人的住房有很大的差别。

图 1.6　美国人的住房外部

美国人的住房外部：通常有一个或大或小的院子种些花草，大多数美国人的房子没有篱笆也没有围墙。防止从外面看到房子里面的仅仅是窗户上的窗帘（见图1.6）。

中国人的住房外部：都是由高高的围墙包围起来，从外面看到的仅仅是屋顶。在房子里面离门口不远处还有一堵短墙，

图 1.7　中国人的住房外部

当大门半开时，人们也看不到里面（见图 1.7）。

但是，在房子里边，中国与美国的差别与在房子外边的差别正好相反。

美国人的住房内部：美国人强调房子里边的隐私性。各个房间包括卧室、客厅、卫生间和厨房通常都有门隔开。父母不能随便占用小孩的房间，而小孩在父母的房间里也没有太多自由。在部分美国人家里，丈夫与妻子还各有自己的卧室。

中国人的住房内部：在中国人的房子里边，除了未婚的异性，隐私性基本上是不存在的。

当代心理学关于自我－他人关系的东西方差别研究与许烺光的观察一致：美国社会中，圈子内与圈子外的界限是模糊的，但个人之间的界限一清二楚；中国社会中，自家人（圈子内）与外人（圈子外）的界限是很清楚的，但自家人内部没有什么界限（Chiu & Hong, 2006, 128）。实际上，中美不同文化中的自我－他人关系决定了这两种文化中不同的自我观或自我结构：美国文化中一个人的自我是独立的、孤立的，而中国文化中一个人的自我依赖于他人。

表达自我的语言深受文化的影响

"我"这个字的用法反映出文化的不同。中文的"我"除了用作主语外，也可以用作宾语，如"天亡我也"。相对而言，英语会用"me"代替"I"来做宾语；这样的分工在某种程度上维护了"I"的自主性。中国人的"我"则不一样，既是主，也是宾。

此外，英语"我"字大写"I"；而中文有一百多个"我"的代词，其中自矮词特别多，如"区区""鄙人""小可""末学""不才""不肖""晚生"等。就算位高权重，对平级也自谦"愚兄""小弟"，而不宜直截了当说"我"。在上级面前更要自贬为"卑职""下官""愚臣""小人""小的"等。一旦你退休了，便一下子失去了权力和地位，见人也矮了三分，只好说："老朽""老拙""老夫""愚老""老叟""小老""小老儿""老汉""老可""老躯""老仆""老物""朽人""老我""老骨头"，这些语言行为或可表达对他人的尊重，却掩盖了冒不出来的自我！

中国人是他父母的儿子而西方人是他自己

基督教教导说，在上帝面前的内在灵魂是一个人真正的自我，而一个人作为儿子、父亲、女儿、母亲的社会存在并不是一个人真正的自我，相比起来，我们的社会地位和权力其实并不重要。在西方不管你信不信基督教，灵魂的观念已经牢牢地转变成自我的观念。这是西方人强调人与自然、社会的分离，强调灵魂与肉体分离的结果。

中国哲学是天人合一的哲学，强调人不能离开社会而存在，不能离开家庭而存在。在儒家文化中，一个人是他父亲的儿子，他儿子的父亲，他哥哥的弟弟等，要成为一个人就是要成为家庭的一员。由此看来，西方强调自我的独立性，而中国强调自我与他人的关系。

中国人与母亲"同住"在内侧前额叶而西方人自己"住"

1999 年神经科学开始了对自我的研究，这大部分得益于一项叫作功能磁共振成像的技术（见图 1.8）。在大医院里都有磁共振成像的检查，如果怀疑某人头部有肿瘤，通过磁共振成像

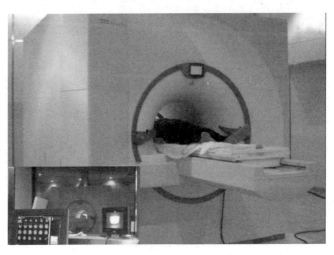

图 1.8 中国科学院生物物理研究所认知科学重点实验室的 3T 磁共振成像系统

可以检查出来。但这种检查只能把大脑的静态结构反映出来，与心理活动相关联的大脑活动无法显现。功能磁共振成像配备了强大的计算机软件可以把与心理活动相关联的大脑活动显现出来。

一个人思考自己有什么特点时，例如，我是勤劳的，激活了内侧前额叶（内侧前额叶简单说来就是我们额头下面的大脑），内侧前额叶就兴奋了。当人的某部分脑区兴奋时，因为那里的耗氧量比较高，血液里的含氧量就有变化，而仪器能够记录到这种变化。中国人、西方人思考自己的特点时都激活了内侧前额叶；只有中国人思考母亲的特点时才激活内侧前额叶，西方人思考母亲的特点时并不激活内侧前额叶。由此可见，中国人与母亲的亲密关系已深入大脑，而西方人强调自我独立性也已经深入大脑（Zhu et al. 2007）。这类比较中国人自我与西方人自我的神经基础的研究，为前面说的中国人买房听妈妈的而美国人买房听自己的等心理现象，提供了神经科学的解释。

小　结

上面我们零星地列举了关于自我的一些看法，总结起来有三点：

（1）我就是自我，自我不是自私。

（2）自我是文化的产物，中国人的自我是相互依赖的自我。

（3）21世纪追求自我崛起是中国人精神上觉醒的表现。如今小学生也开始有了朦胧的自我概念了（见图1.9）。

影视演员姚晨说："每个人的人生轨迹都是无法复刻的唯一，我们能做的唯有勇敢前行。"她的话是对自我和自我实现的很好诠释。

自我非常复杂、深奥。21世纪的今天，人们倾向于从文化、哲学、人类学、心理学与神经科学等广阔的视野来研究自我。这本书就是我们学习、研究的心得。我们想告诉读者：自我是什么？中国人的自我是怎样的？

图 1.9 "我读故我在" (《北京晚报》, 2015-04-01)

参考文献

北京晚报, 2011-06-13.

北京晚报, 2011-09-09.

北京晚报, 2015-04-01.

Chi-Yue Chiu &Ying-Yi Hong. Social Psychology of Culture.

Psychology Press. 2006.

Hsu, F.L.K. Americans and Chinese: Passage to Differences.

University of Hawaii Press, 1981.

Keenan J.P., Nelson A., O'Connor M. & Pascual-Leone A. Self-Recognition and The Right Hemisphere. Nature, 2001, 409(6818): 305.

Klein S.B. Self Memory and The Self-Reference Effect: An Examination of Conceptual and Methodological Issues. Personality and Social Psychology Review, 2012, 16(3): 283-300.

Zhu Y., Zhang L., Fan F. & Han S. Neural Basis of Cultural Influence on Self-Representation. Neuroimage, 2007, 34: 1310-1317.

第二讲

文化与自我

一个人的行为举止处处表现出一个人自我的心理特点。

20 世纪 80 年代随着我国对外开放，一批批西方教授来到中国的学校讲学。美国教授惊讶地发现，在课堂上中国学生的表现完全不同于美国学生。在讲课中，没有任何人提问。讲课结束，没有任何人发表一点看法，但教授知道，学生对讲课内容十分感兴趣。2011 年网易教育频道的一篇报告指出：现在中国学生大量涌入美国，但中国学生普遍不爱讨论，由于课堂太安静，以致许多美国学生如果发现课堂上有过多中国学生选课，他们通常会退课。改革开放 30 多年了，中国学生的习惯为什么还没有改变呢？

从中国人自我的心理特点出发，我们可以这样解释：中国学生不提问或不打断老师，是因为作为一个学生，他的角色就是从教授那里获取知识，教授是该知识领域的专家。没人问问题，说明我更应该专心听讲。而在提问之前，一个学生会想，"这个问题需要问吗？如果需要问，需要我来问吗？""班里有许多优秀学生，他们都不问，说明不该问吧。"这样，中国学生注意自己在社会秩序（课堂秩序）中的地位——学生。美国学生在课堂上表现得十分活跃。他们关注的是自我表达（self-expression）。美国人的信念是，你不能等着别人来了解你，你必须展现你的思想与感情，具备这种态度和想法并能清晰地表达出来是聪明的表现。要成为成功人士，要走在前头，就要做"爱哭的孩子"，而"爱哭的孩子有奶喝"这类谚语反映的是，冒尖的人在美国吃香，得到鼓励。"枪打出头鸟"这类谚语反映的是，冒尖的人在中国受到打击，不能允许。中国人时刻要想到或已习惯与周围人保持一致。

对西方人来说，选择权是他个人最重要的权利之一。作家冯骥才记述了他在美国见到的一件小事。在公园里，一位妇女拿一件风雪衣与一个4岁的小女儿说话，着急又认真，说个不停。过去一听才知道，衣服一面是绿色，一面是红色。她非要孩子自己决定红色朝外还是绿色朝外，这是孩子自己的事。后来小女孩决定红色穿在外，穿上后，两人高兴地走了。选择是我的权利——西方人从儿时起就深入心灵了。正因为美国人如此看重选择，当一个美国教授作为客人应邀参加日本人的会餐时，日本人的行为让她大吃一惊。8个日本人在法国餐厅正忙着阅读菜谱，服务员走了过来。为了打破沉默，美国教授明确宣布了她的选择——开胃饮料和主菜。沉默继续，接着是日本主人与其他日本客人紧张交谈。最后，饭菜上桌了。美国教授选的饭菜不同于日本人的，但让美国教授吃惊的是，8个日本人的饭菜一模一样！在美国教授看来，这么多的人吃一样的饭菜简直就是让人心烦！如果你不选择自己的饭菜，这顿饭吃得香吗？如果每个人都吃一样的饭菜，那菜谱又是用来干什么的呢？

为了说明文化与自我的关系，我们先介绍文化与人的关系，因为人的概念在不同文化背景下是不同的，而不同的人的概念导致不同的自我概念；还因为在日常生活中，"每个人在别人

心中是人，只是经验自己为自我"（Kirmayer, 2007, 239），［我
们把别人当作人，而把我这个人（自己）经验为自我］或者说
别人是自己的一面镜子，我们从别人身上看到了自己。当我们
把别人看清楚了，我们也容易把自己（自我）看清楚。

我们先讨论中国人与西方人有什么不同，然后讨论中国人
的自我与西方人的自我有什么不同。

一、中国人与西方人有什么不同

中国人与西方人的比较

对比中国和美国在 2008 年北京奥运会的报道就可以说明中
国人与西方人有什么不同。

中国的报道（以新华社和《人民日报》为代表）从历史意
义写起，以全球意义结束，着重报道的是开幕式的表演过程及
参加开幕式的世界各国领导人；而美国的报道（以《纽约时报》
和美联社为代表）则从具体的事件开始，以一名中国老百姓的
评论结束。另外，美国的报道采用了几位普通中国人的发言，

图 2.1　西方人突出个人，突出自我；而中国人突出领导，突出集体，湮没自我。
（图片引自：Liu, 2007）

反映了老百姓的骄傲及对北京奥运会的支持；中国的新闻报道
则没有一个具体的普通中国人的相关描述，而是笼统地以全国
人民的反应来表达中国人民的自豪和对奥运会的支持（见图 2.1）
（彭凯平，王伊兰，2009，7）。

两位老人的比较

　　2014 年 2 月 1 日是马年正月初二，北京卫视播放了一条过
年新闻：105 岁的戴伦老爷子与儿子、儿媳妇、孙女团聚的喜庆
情景，由于儿孙各自的工作不同，各家还有自己的事，他的愿

望是有一天全家六十多口人大团圆。同一天香港凤凰台播报了一条体育新闻：法国102岁的"不老骑士"马尔尚2014年1月31日在室内体育馆骑自行车1小时，骑了26.927千米，打破了百岁以上老人1小时内骑自行车路程的世界纪录。数千人观看了他的表演。他的愿望是自己190岁还能骑自行车。对比这两条新闻可以看出中国人与西方人的不同：中国人强调家庭、亲情，做人就要成为家庭的一员；西方人强调发挥自己的才能，去争取成就，做人就要成为一个与众不同的人。

两本儿童读物的比较

我们再来看看中国人与西方人是怎样教育小孩子懂得"人"的概念的。

中国人强调从人伦、伦理的角度看"人"，而西方人强调从科学的角度看"人"。例如，辛亥革命后出版的第一本新编小学教科书第一册第一课，赫然一个"人"字（见图2.2）。"人"字下面画了祖孙三代共7人，让小孩自然联想到："我是爸爸、妈妈的孩子"。《教授法》告诉老师怎样上好这一课，画龙点

《修身老课本》第一课：人。人之异于鸟兽者，为"读书明理"。

图 2.2　人

睛之笔是：人之异于鸟兽者，为"读书明理"。换句话说，老师在讲"人"字时，要强调人与鸟兽的差别。

与中国人不同，西方人强调人类是一种动物。例如，2009年出版的法国人奥斯卡·柏尼菲为小孩写的儿童哲学智慧书《我，是什么》中，他向儿童提出的第一个问题就是，"你是动物吗？"（见图2.3）接着他列举"是"和"不是"的理由。"是"的理

图 2.3 你是动物吗？

由包括："因为我能呼吸，能吃东西，长大以后会有小孩，和其他动物一样"；"因为很久很久以前，我们是猴子"。"不是"的理由包括："因为我很聪明"；"因为我能说话"；"因为我是人，人能盖房子"；"因为我死了以后会被埋葬"。最后作者做出结论：人类是一种动物，人类也是大自然的一部分。这显然是从科学的角度看待"人"。我们知道，自然科学与社会科学主要是从西方发展起来的。西方人不愿受自然束缚，他们提倡"知识就是力量"，提倡大胆怀疑，要理解自然从而征服自然。而在征服自然的过程中，西方人强调发挥个人的聪明才智去建立自己个人的辉煌业绩。

学者的比较

文化学者杨适二十多年前就提出，"文化的中心是人本身。"中国人与西方人的不同，本质上反映了中国文化与西方文化的不同（杨适，1991）。最近，文化学者余秋雨引述著名心理学家荣格的话表达了类似的意思。"瑞士心理学家荣格（C. Gustav Jung, 1875—1961）说'一切文化都沉淀为人格。不是歌德创造了浮士德，而是浮士德创造了歌德'。他在这里所说的'浮士德'，已经不是一个具体的人名，而是指德意志民族的集体人格，也就是德意志文化的象征"（余秋雨，2012，7）。歌德是伟大的德国诗人，"浮士德"是歌德创作的一部长诗中主人公的名字。荣格说"浮士德创造了歌德"，就是说德意志文化塑造了歌德这个人。这与我们前面提到的不同文化背景下有不同的"人"的概念是一致的。

文化学者杨适认为，"如果说中国人的显著特征是重人伦的话，那么西方人的显著特征是重自由。一部西方文化的历史是从古希腊开始的，古希腊人就骄傲地把自己称作'自由人'，直到今天西方人仍然处处以自己的国家和社会是'自由世界'自诩，可见他们最珍视的就是自由。在他们看来，人之为人的最本质的东西就在于人有自由，能独立自主，不受外物和他人的支配和奴役。在'不自由，毋宁死'这个口号里就表达了这些意思"（杨适，1991，99）。美国社会心理学家尼斯贝特说："希腊人，比任何其他古老的民族，实际上可以说，比现在世界上的绝大多数人对个人的意志都有更为清醒的意识——这种意识就是自己掌握自己的命运，根据自己的选择来行事的意识……希腊人追求自由和个性……中国人与希腊人的个人意志相对应的是'和'。对每一个中国人来说排在第一位、最重要的是一个集体或几个集体（家族、村子，尤其是一个家庭）中的一员。个体并不像希腊人那样是在各种社会环境中保持着个体特征的独立单元……在有组织的等级体制中按照规定的角色行事，这是中国人日常生活的实质，希腊人追求个人自由的意识，中国人是没有的。"（尼斯贝特，2006）

如果把上述杨适与尼斯贝特的意思综合起来，我们可以说，西方人作为个体面对社会，个体是具有独特个性的独立单元，正因为是独立单元，西方人强调自由；中国人是集体（家庭、村庄、单位）中的一员，人伦（特别是家庭关系）是每个人最重要的事情。因此中国人强调"血浓于水"，强调"和谐一致"。这里说的西方人追求的自由并不是抽象的自由，而是资本主义的自由，具有商品交易的特征。中国人强调的人伦（关系）也不是抽象的人伦，而是中国封建的宗族等级人伦。可以说，追求自由和维护与家人、他人的和谐都是人类的必需，中国人与西方人各自侧重发展了一个方面，那是由中国与西方世界各自不同的几千年的历史、文化以及地理环境造成的。

二、中西文化与两种自我结构

自我问题在心理学领域表现为"我是谁""我与他人的关系是怎样的""人们怎样解释他们的行为"等问题。理解与回答这些问题依赖于一个人所生活的文化环境。因此，近三十年来心理学研究自我一直贯穿着这样的思想："自我是文化的过程与产物"（Markus & Kitayama，1991，2010；Heine，2001；Kitayama & Uskul，2011）。

那么，什么是文化？文化与自我的关系又是怎样的？

心理学家定义文化为：文化是价值观念及其实践（实现价值观念的行为）在大规模生态学和社会水平上的综合。个人主义作为一种文化综合特征，强调个人的独立、自主。在个人主义文化下，人们大多具有独立型的自我（independent self）；集体主义也是一种文化综合特征，强调人与人之间的相互依存。

在集体主义文化下人们大多具有互倚型的自我。文化怎样影响自我呢？现有的研究表明，下列因素对自我有重要影响。

寒冷和干燥的环境，以及住所的流动性大和低密度的人口（这些至少传统上联系着游牧和放牧的生活方式）导致强调人的独立性；温暖而潮湿的环境，以及住所的流动性小和高密度的人口（这些至少传统上联系着农耕的生活方式）导致强调人与人之间的相互依赖。

商业化与工业化培养了人的独立性，因为他们需要独立的决策与判断，同亲属关系、邻里关系以外的人打交道。工业化的进程使农民从农村进入城市，进入工厂。在农村，农民彼此是熟悉的，但各地的农民来到工厂，他们彼此是陌生人；商业的发展，特别是现代金融的发展是不以任何个人关系为基础的，投资者和资金使用者之间完全隔离。总之，与陌生人打交道要求人的独立性。相反，商业化与工业化不发达的地区与国家，人们多与亲属、邻里打交道，因此养成人与人之间相互依赖的特性。社会经济状况较高的人们，如中产阶级具有更强的独立性。

美国人经常变换工作，因而变换住所（美国被称为建在车轮上的国家），这导致美国人的独立性更强；亚洲农民住所一辈子也不变化，甚至祖祖辈辈就在一个村里，这导致了人们相互依赖性更强。

图 2.4 美国西部牛仔（http://blog.163.com/top20e@126/blog/static/1618371142011125816237 29 Andy Thomas 美国当代画家）

18 世纪和 19 世纪美国的西部开拓者，在人烟稀少的环境下要独立面对巨大的生存压力，因而发展出独立的心态，并且将自我激励、自我保护以及自我绩效推动的艰苦工作都视为当然，以便应付残酷的生态环境，因为那时候基本上没有什么社会支持可以帮助个人，而人们之间也很难建立起稳定的社会关系。与美国的情形类似，日本的北方岛屿具有一百多年的开拓历史，那里的人们比日本大陆的人们更具独立性。

总之，在生态与社会的诸多因素影响下，西方社会历史上一直强调人的独立性或与众不同，因而西方个人主义文化发展出人的独立型自我，而东方社会则更强调人与人的相互依赖性，东方集体主义文化发展出人的互倚型自我（Kitayama & Uskul，2011）。

心理学家马库什与北山志（Markus & Kitayama，1991，2003，2011）根据文化对自我的影响，区分了两种自我结构。他们以自我与他人的关系作为区分自我结构的依据。西方文化下人们具有独立的自我结构（independent self-construal），强调自我与他人的分离（separation），自我与非自我的边界是个体与任何其他人（包括亲人），即西方人的自我是他／她自己，不包括其他任何人。因此，西方人看问题依赖自己的观点。相反，东亚文化下人们具有互倚的自我结构（interdependent self-construal），强调人与人之间的联结（connectedness）。互倚的自我嵌入社会关系的网络中，仿佛一个人属于社会关系而没有独立的自己，自我与非自我的界限是父母、亲人、好朋友等自己人与外人的区别，即东亚人的自我包括亲人、好友。因此，东亚人看问题更依赖别人的观点。

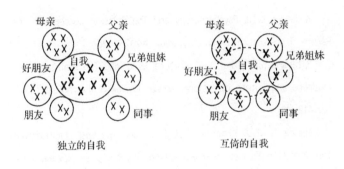

图 2.5 两种自我结构（Markus & Kitayama，1991）

参考文献

［美］理查德·尼斯贝特.思维的版图.北京：中信出版社，2006.

杨适.中西人论的冲突.北京：中国人民大学出版社，1991.

余秋雨.何谓文化.武汉：长江文艺出版社，2012.

［法］奥斯卡·柏尼菲. 我，是什么？北京：接力出版社， 2009.

彭凯平，王伊兰. 跨文化沟通心理学. 北京：北京师范大学出版社，2009.

Heine S.J. Self as Cultural Product: An Examination of East Asian and North American selves. Journal of Personality, 2001, 69(6): 881-906.

Kirmayer L. J. Psychotherapy and The Cultural Concept of The Person. Transcultural Psychiatry, 2007, 44: 232-257.

Kitayama S. & Uskul A. K. Culture, Mind, and The Brain: Current Evidence and Future directions. Annual Review of Psychology, 2011, 62: 419-49.

Markus H. R. & Kitayama S. Culture and The Self: Implications for Cognition Emotion and Motivation. Psychological Review, 1991, 98(2): 224-253.

Markus H. R. & Kitayama S. Cultures and Selves: A Cycle of Mutual Constitution. Perspectives on Psychological Science, 2010, 5(4): 420-430.

第三讲

中国人的自我是互倚型的自我

中国人的自我是互倚型的自我，互倚型自我的意思是，自我包括十分亲密的家人，自我以家庭为单位。这种对中国人自我的看法，可以追溯到公元前的《礼记》——儒家思想的经典文献之一；1947年人类学家费孝通用"差序格局"的概念来描绘当代中国人的人际关系、自我结构，而"差序格局"概念是儒家"人伦"思想的现代版；2005年社会心理学家杨宜音在"差序格局"概念的基础上用"自己人/外人"的划分来表达今天中国人的人际关系、自我结构。"自己人/外人"的划分本质上与《礼记》所描绘的中国人的自我结构是一致的。这样，在中国人自我结构这个问题上，我们看到了从《礼记》到

"差序格局"，到"自己人 / 外人"划分一脉相承的表达。这种表达说明，中国人的人际关系、自我结构从古至今是按照儒家思想来构造的。

一、古代中国人的自我结构

《礼记》是儒家文化经典文献之一，记述了当时礼制规范的核心思想和主要内容：臣民要服从帝王君主，下级要服从上级，儿孙要服从父辈，妻子要服从丈夫，弟要服从兄。它不仅制约着社会的伦理道德，而且制约着人们的生活行为。从汉朝到唐朝《礼记》有各种版本。1885 年詹姆斯·理雅各（James Legge，1815—1897）将它翻译成英文，1885 年牛津大学出版社首次出版了英文版的《礼记》。

《礼记》中关于"孝服"（或"丧服"）的规定是中国古代人行为准则的典型例子，表明人与人的亲密关系是不同的。正因如此，理雅各以西方人自我的视角，把"孝服"的规定变成了对中国人自我结构的描绘：五种等级的孝服表示了五种等级的人与人的关系。图 3.1 是理雅各绘制的。

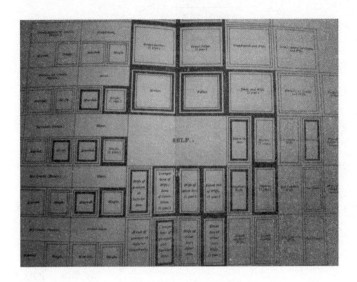

图 3.1 自我[1]

为了观察、阅读的便利，我们把图 3.1 变换为图 3.2。图 3.2
在内容上与图 3.1 是一样的。

---

1 本图是古代中国人的自我结构，出自 1885 年英文版《礼记》，这是一份珍贵
的历史文献，本书引用这张图可能是它第一次出现在中文资料中。哲学家冯友
兰在他的一篇文章中为我们指明了它的出处。

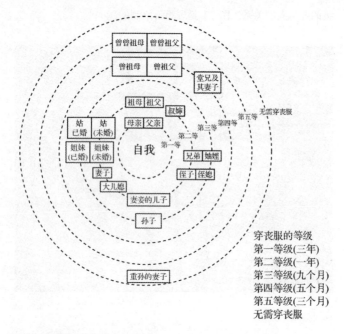

图 3.2　中国男性为其宗亲穿丧服的等级

从图 3.1 或图 3.2 可以看到，古代人要为第一等关系的人穿孝服三年。例如，儿子要为父母穿孝服三年；妻子要为丈夫穿孝服三年。

第二等关系的人要穿孝服一年。例如，父亲要为儿子穿孝服一年；弟弟要为兄长穿孝服一年；丈夫为妻子穿孝服一年。

第三等关系的人要穿孝服九个月。例如，弟弟为嫂嫂穿孝服九个月。

第四等关系的人要穿孝服五个月。例如，已婚女性为她的堂（或表）兄弟或堂（或表）姐妹穿孝服五个月。

第五等关系的人要穿孝服三个月。例如，男人要为母亲姐妹的儿子穿孝服三个月。

对外姻关系的人则不必穿孝服。例如，对（外）孙子的媳妇。

詹姆斯·理雅各把"孝服"的五种规定看作中国人五种亲密不等的关系，并把它作为古代中国人的自我结构，他是深得儒家文化精髓的。因为儒家文化就是孝文化，所以，"孝服"的规定典型地代表了儒家文化对中国人际关系的规定。"孝服"的规定表明，人与人的关系不是平等的。例如，父母是儿子第一等关系的人，儿子要为父母穿孝服三年，但儿子只是父亲第二等关系的人，父亲只为儿子穿孝服一年。

图 3.1 与图 3.2 表示，中国人的自我居中，在自我周围有不同等级的亲情与责任的关系包围着。有血缘关系的人（如父母、子女等）与自我的关系最亲密；只有外姻关系的人（如妻子、

外祖父母等）与自我的关系则疏远。中国人津津乐道"血浓于水"，就是这个意思。总之，中国人自我处在社会关系的中心，它是家庭的一部分，它溶化于各种各样的关系中，因而中国人的自我不是一个孤立、独立的实体。

二、 差序格局与团体格局的概念

为了说明在不同的社会里人与人的关系是不同的，人我的界线即自我与他人的界线是不同的，中国社会学家费孝通（1947/2009）提出了差序格局与团体格局的概念。差序格局是中国乡土社会结构的格局，而团体格局是西洋现代社会的格局。费孝通说："我们没有团体而有社会网络、重叠的社会网络。一切事情都通过这些网络来完成。这来自建立在小农经济基础上的一千多年的传统"（Pasternak, 1988）。

西洋现代社会是个陌生人组成的社会。人与人的关系像在田里捆柴，几根稻草束成一把，几把束成一扎，几扎束成一捆，几捆束成一挑。每一根稻草在整个挑里都属于一定的把、扎、捆。

每一根稻草也都可以找到同把、同扎、同捆的柴，分扎得清楚不会乱。

这里用捆柴比喻社会组织，意思是人们常常由若干人组成一个个团体，如家庭、俱乐部、工会、政党等。团体内与团体外的人分得很清楚。在个人主义下，一方面是平等观念，指同一团体中各分子的地位相等，每个人人格平等；另一方面是宪法观念，指每个团体分子和团体的关系是相等的，团体不能为

图 3.3　一捆柴

任何个人所私有。这种人与人的关系的一种格局叫作团体格局。

中国乡土社会是一个"熟悉"的社会，没有陌生人的社会。这样的社会与西方现代社会是不同的。人与人关系的格局不是一捆一捆扎清楚的柴，而是好像把一块石头丢在水里发生的一圈圈推出去的波纹。

每个人都是他社会影响所推出去的圈子的中心。每个人都

图 3.4　水波纹

有一个以亲属关系布出去的网，这个水波纹似的网一圈圈推出
去，越推越远，也越推越薄，这就是乡土社会中人与人关系的
差序格局。儒家文化最讲究的是人伦，伦是什么呢？伦就是指
导社会关系的原则或者在社会关系中个人的角色。例如，《礼记》
规定：一个人的父亲死了他要守孝三年；一个人的儿子死了，
他要守孝一年。父亲与儿子的角色不同，各人要做的事情便不同。
而且，儿子要永远听从父亲的。这样，伦就是从自己推出去的和自己发生社会关系的那一群人里所发生的一轮轮波纹（社会关系）的差序。例如，"君臣父子""上尊下卑""男尊女卑""长幼有序"的差序。

中国乡土社会的单位是村落，从三户的小村可以到几千户的大村。村与村之间的往来不多，人口的流动性也小。人们常常是生在哪里也老死在哪里。在同一个村里，许多人不是近亲就是远亲，彼此非常熟悉。因此，这是一个"熟悉"的社会，没有陌生人的社会。作家十年砍柴对这个以近亲与远亲组成的"熟悉"的社会是这样回忆、体验和感叹的："我们兄弟从记事开始，融入以血亲、姻亲为经纬的熟人社会，那种自然状态犹如幼鱼游水，雏鸟学飞。我们首先要学会分辨的就是亲属尊卑，谁是我的亲兄弟，谁是我共爷爷的堂兄弟，谁是我共曾祖父的堂兄弟，谁又是没出五服的族兄弟、叔婶；出了五服的那些族人，和谁又更亲近一些；方圆几十里哪些姓李的和我们共了一个祠堂，共一份族谱；祖父、父亲、自己和下一代的辈分是哪个字；而八华里外的那个王姓聚集的村子，谁是我的亲舅舅，谁是我的堂舅舅；姑舅表亲和姨表亲的区别在哪儿。人死了，哪些人可以埋进祖坟，哪些人不能；碰到人家办红喜事该说什么贺喜的话，而对长辈的丧事如何致祭，等等。乡村的熟人之间没有秘密，一个家族的爷爷可以随意在你家吃饭时走进来坐到餐桌上和你父亲一起喝酒。这些对我这样成长经历的人而言是常识，而对我们兄弟的下一代，恐怕就是遥远的传说。"总之，在这样的"熟悉"社会里，人与人之间的交往、社会的信用不是由契约和法律保证的，而是由祖祖辈辈流传下来的习俗、行为规矩保证的。因此，乡土社会是礼俗社会。

现代社会工作、生活节奏快，人员流动性大，人们不仅选择经常变换工作，还从这个城市迁到另一个城市，甚至到国外工作、生活。因此，现代社会是个陌生人组成的社会。陌生人组成的社会是无法用乡土社会的习俗来应付的。既是陌生人，各人不知道各人的底细。所以，人们之间要讲个明白，还要怕口说无凭，画个押，签个字。这样就产生了法律，法律保证了签约双方，如雇主与雇员、生意交往的双方等共同履行协议、合同。可是，法律的基础是平等，是权利与义务的共存，只有人与人平等才会促进市场经济的产生与良性发展。因此，现代社会是法理社会。

例如，西洋家庭是一种界限分明的团体。在英美，家庭包括丈夫、妻子以及未成年的孩子。如果夫妻两人拜访朋友，就不能说"丈夫"带了他的"家庭"来访。在家庭里，各成员都是平等的，并没有"夫为妻纲"那一套约束，父子之间也是朋友。在美国，如果父母尽到了养育孩子的义务，父母也有权利让成年的孩子离开家庭独立生活，即让成年的孩子事实上不与父母共同生活。而很多刚刚踏出校门的18岁年轻人也会实践这样的豪言壮语：一旦有能力我就会离开家。这样，西方家庭成员的权利、义务、价值观念都与团体格局的人与人的关系相联系。但是在中国乡土社会，家里各成员不是平等的，各人必须遵守世俗的行为规矩，按自己的"角色"想问题，做事情。年长的对年幼的具有强制的权利，而且家的范围是因时因地可伸缩的。"家里的"可以指自己的太太一个人，"家门"可以指叔伯侄子一大批，"自家人"可以包括任何要拉入自己的圈子、表示亲热的人。

总之，团体格局的人与人的关系中最主要之点是人与人的平等，而差序格局的人与人的关系中最主要之点是人与人的亲疏之分，以"己"为中心推出，和别人组成亲疏不同的社会关系，像石子投入水中那样，形成一圈一圈的波纹。最基本的是亲属关系：亲子和同胞，其次是朋友关系。"这种差序的推浪形式，把群己的界限弄成了相对性，可以说是模糊两可了"（费孝通，1947/2009, 30）。换句话说，中国人自我的边界是伸缩不定的。

上面综述的费孝通六十多年前的思想，即关于中国乡土社会中人与人关系的差序格局概念今天仍然适用于中国社会吗？答案是肯定的。首先，从理论上说，费孝通已经指出，"在中国乡土社会中，差序格局和社会圈子的组织是比较重要的。同样，在西洋现代社会中差序格局也是存在的，但比较不重要罢了。这两种格局是社会结构的基本形式，在概念上可以分得清，在事实上常常可以并存的，可以看得到的不过各有偏胜罢了"（费孝通，1947/2009, 37）。今天的中国，差序格局的人与人的关系仍然占统治地位。我国仍然是发展中国家，农民占人口的绝大多数（直到 2011 年农民仍占人口的一半），虽然有近两亿农民工，但他们没有城市户口，不能成为城市居民。而且，儒家思想的影响深远，法制不完善的情况也进一步巩固了差序格局的人与人的关系。

事实上，中国社会心理学家，如杨国枢、黄光国、杨中芳、杨宜音等都在费孝通"差序格局"概念的基础上陆续提出各自的关于中国人的人际关系的分类。如杨国枢（1993）关于家人／熟人／生人的划分基本上承继了费孝通差序格局的思想。

三、"自己人／外人"的划分：中国人的自我结构

社会心理学家杨宜音（杨宜音, 2005; Yang, 2009）认为，在"差序格局"概念基础上的社会结构中人与人之间的关系绝不是平等的。每个人都有自己的特定地位，因而彼此间有不同的心理距离。所有人与人之间的情感和责任都来自这些不同的心理距离。在"差序格局"概念基础上她根据自己的研究提出了中国人际关系分类，即"自己人／外人"的划分。这种划分包含了"先赋性"与"交往性"两个维度。"先赋性"指的是人与人之间的血缘亲属关系，而"交往性"指的是人与人之间的地缘关系，

即由于商业、生产、各种社会活动没有血缘关系的人之间进行的交往。当然，亲属之间也有交往性。具体说来，在"自己人 /外人"的划分中，自己人既包括具有亲缘关系的人，也包括具有交往关系的人，外人也是如此（如表 3.1 所示）。

表 3.1　中国人际关系的划分

级 / 人物	先赋性关系	交往性关系	自己人
第一等	家人	密友	
第二等	近亲	至交	
第三等	族亲	频繁交往关系	
第四等	远亲	交往略多关系	
第五等	更加远的远亲	较少交往关系	外人

应该指出，2005 年杨宜音在费孝通 1947 年差序格局概念基础上提出的中国人人际关系的划分——"自己人 /外人"，反映了 1978 年以来我国社会经济发展导致的人际关系的巨大变化。从表 3.1 看到，第一等关系不仅有家人，还有密友。这说明"自己人"的范围扩大到非亲人了，这是社会经济生活快速发展的结果。

杨宜音（2005）认为，"'自己人／外人'这一分类系统，在社会流动加大的情况下，替代了由亲缘关系连带和熟人社会对于人际亲密、义务和信任的保证，成为一个新的身份式概念，它延伸出来的是'圈子''死党''铁杆''抱团''一伙'等现象。它是中国人亲属关系真正的内核，一方面具有交往的动力特性；另一方面仍然具有身份的规定特性……（费孝通的）'差序格局'作为中国社会结构和社会关系的特征，而'自己人／外人'正是它在社会心理图式上的表达，也是中国人在社会交往中为了保证亲密、信任和义务的稳定联系而形成的生存智慧与应对策略。"例如，在黑龙江省一个乡村有个裁缝，新中国成立以来他一直做裁缝没有受到各种运动的冲击，也避免了做体力苦活。他的秘密很简单：他在村里编织了一个最大的交换网络，所有村干部和有影响的村民都在其中。这样，村干部和有影响的村民都成了"自己人"。作为裁缝，他有雄厚的经济基础来保持和扩大这个网络，同时这个网络也保护了他免遭政治迫害，保障了他的赚钱职业（Y. Yan, 1996）。还有学者指出，英美社会的生意关系是相当的非个人化（impersonal），所以英语俗语就有"绝不要把商业与娱乐搅和在一起",可是在中国社会中,要做生意就必须与娱乐搅和起来。为什么?这就是中西文化的差别。做生意要彼此信任才能做成。如果不信任别人,我们不敢买他的东西,也不敢与他签订合同。在西方,生意人(陌生人)之间的信任靠法律保障,但中国的法制不完善,生意人之间的信任靠亲密关系保障。最好是与"自己人"合作,首选的是家人、亲人;其次是同学、同乡、同事;如果做大生意超出了上述范围,就要通过吃喝、娱乐等与陌生人建立关系,建立信任,先成为朋友再谈生意(刘贤方,2008)。

应该指出,这种生存智慧与应对策略不同于西方现代社会团体格局中人与人之间信任和义务靠法律的办法。

我们知道,自我是相对于他人而言的。因此,人际关系分类本身就是自我的结构。杨宜音说,"'差序格局'的概念鼓舞我们去构造中国人的自我结构"(Yang, 2010)。杨宜音关于"自己人/外人"的划分就是中国人的自我模式或结构,即自我在中心,不同亲情关系和交往关系的人围绕自我形成远近不同的心理距离的同心圆(见图3.5)。

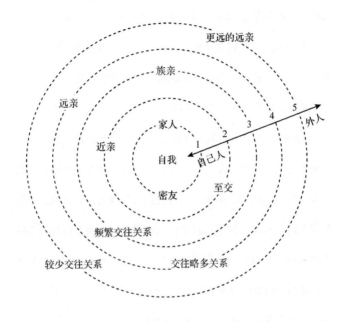

图 3.5　中国人的自我（Y.Yang,2005;2009）

　　杨宜音在谈到中国人的自我结构时指出，"这个自我结构有两个主要特点。第一，自我具有同心圆的结构，个体的自我处在同心圆的中央，不同层次的关系编织成网络；第二，边界的通透性，即在不同的场合，个体自我可包含其他人，如家庭成员、朋友、邻居。当一个人的自我边界延伸到家庭层次，家

庭成员就包含在他 / 她的自我边界以内……"（杨宜音，2010）

中国人的自我包含其他人，如母亲，已得到神经科学的证明（Zhu et al. 2007），这一点我们将在第八讲给予说明。

总之，从费孝通"差序格局"的论述到杨宜音（2005）"自己人 / 外人"的划分，我们可以看到，中国人的自我的边界是伸缩不定的。自我与非自我的界限是父母、亲人、好朋友等自己人与外人的区别。中国人的自我包含其他人，如父母，因而中国人的自我是互倚型的自我；与此相反，在西方现代社会团体格局中，人与人的平等意味着个人人格的独立，因而西方人的自我与非自我的边界是个体与任何其他人（包括亲属）的区别，西方人的自我是个体的（Heine，2001）。

参考文献

费孝通．乡土中国 生育制度．北京：北京大学出版社，1947/2009.

杨宜音．自己人：一项有关中国人关系分类的个案研究．中国社会心理学评论，2005，1: 181-205.

杨国枢. 中国人的社会取向: 社会互动的观点. 杨国枢, 余安邦. 中国人的心理与行为: 理论与方法篇（一九九二）. 台北: 桂冠图书公司. 1993: 87-142.

刘贤方. 生意经为何总在酒桌上开始. 四川航空, 2008（45）: 82-83.

十年砍柴. 18 年进城路. 北京晚报, 2011-04-15.

Heine S. J. Self as Cultural Product: An Examination of East Asian and North American selves. Journal of Personality, 2001, 69(6): 881-906.

Yan Y. The Culture of Guanxi in a North China Village.The China Journal, 1996, 35: 1-25.

Yang Y. Guanxilization or Categorization: Psychological Mechanisms Contributing to The Formation of The Chinese Concept of "Us". Social Sciences in China, 2009, 2: 49-67.

Yang et al. Effects of Boundary-Permeated Self and Patriotism on Social Participation in The Beijing Olympic Games. Asian Journal of Social Psychology, 2010, 13: 109-117.

Pasternak B. A Conversation with Fei Xiaotong. Current Anthropology, 1988, 29(4): 637-662.

Zhu Y., Zhang L., Fan J. & Han S. Neural Basis of Cultural Influence on Self Representation. NeuroImage, 2007, 34(3):1310-1316.

Legge J. (1885/1996). The Li Ki. In The Sacred Books of The East. F. Max Muller, ed. XXVII / The Sacred Books of China (The Texts of Confucianism). Translated by James Legge, Part IV, The Li Ki, I-X. Delhi, Motilal Banarsidass. (Six tables were after Appendix to book II (202-208). 209.)

第四讲

中国人是他父母的儿子而不是他自己

一、"中国人是他父母的儿子而不是他自己"源自《孝经》

哲学家胡适在他的《中国哲学史大纲》中讨论了以孔子和他的门生为代表的儒家人生哲学。他说,孔子的"仁的人生哲学",要人尽"仁"道,要人做一个"人"。孔子以后的"孝的人生哲学",要人尽"孝"道,要人做一个"儿子"。

"《祭义》和《孝经》的学说,简直可算得不承认个人的存在。我并不是我,不过是我的父母的儿子。故说:'身也者,父母之遗体也。'又说,'身体发肤,受之父母。'我的身并不是我,只是父母的遗体，故居处不庄，事君不忠，战陈无勇，都只是对不住父母，都只是不孝。《孝经》说天子应该如何，诸侯应该如何，卿大夫应该如何，士庶人应该如何。他并不说你做了天子诸侯或是做了卿大夫士庶人，若不如此做，便不能尽你做人之道。他只说你若要做孝子，非得如此做法，不能尽孝道，不能对得住你的父母。总而言之，你无论在什么地位，无论做什么事，你须要记得这并不是'你'做了天子诸侯等，乃是'你父母的儿子'做了天子诸侯等"（胡适，1918/2006，119；见《孝经》天子章第二；庶人章第六；孝治章第八；感应章第十六；等等）。这样，儒家孝文化并不承认个人的存在，每一个人只是父母的儿子。King(1985) 也说："孝被推进到中国伦理系统的中心，因而不承认个人的独立存在。"儒家传统中的自我，首先和最主要的是孝的自我（Liu，2008；Sabet，2011）。Sabet 说，"按照儒家传统，一个人的身体来自父母，（而他的精神）自我本质上是孝。"既然"中国人是他父母的儿子而不是他自己"的说法来自《孝经》，中国人的自我就是孝的自我。那么，我们只有理解儒家孝文化，才能理解 "中国人是他父母的儿子而不是他自己"

的含义和意义。

　　儒家文化也就是孝文化，因为儒家思想是中国家族制度的理论表现，而"孝"正是巩固家族制度的最根本德行（子曰："夫孝，德之本也"——《孝经》），因此，"孝"才能提高到人生哲学的高度。

二、农业经济的家族与孝道——从金融学看家庭与孝道

　　哲学家冯友兰（1895—1990）在反思中国 2500 多年来的家族制度时这样写道，"农民靠土地生活，而土地是无法挪动的，地主阶级出身的读书人也无法离开土地。一个人若没有特殊的才能，他无法离开祖辈生活的这片土地；他的子孙也只有世世代代生活在这片土地上。这就是说，同一个家庭的后代，由于经济的原因，不得不生活在一起。由此发展起中国的家族制度，它的复杂性和组织性是世界少有的。儒家思想在很大程度上便是这种家族制度的理性化"（冯友兰，2004）。这样，中国的农

业经济（小农经济）造成了中国的家族制度，儒家文化就是中国家族制度的理论表现。

经济学家陈志武（2009）以金融学的理论与观点分析中国的家庭与孝道，反思儒家文化，为我们理解中国人的自我提供了新的视角。他的思考方式与上述冯友兰的思考方式是一致的。

在农业社会，家庭有两个主要功能：一个是经济互助；另一个是社会功能即精神互助。其经济功能包括两方面：第一，在家庭内部存在各种隐性金融契约关系，父母在后代身上有投资，而后代有隐性"回报"责任；兄弟姐妹之间则你欠我的、我欠他的等；这个家庭欠同族上另一家的等，相互间存在许多说不清的隐性债务、保险责任。这是市场经济不发达的结果。第二，因血缘关系，"家"能大大减少各成员间利益交换的执行风险，减少交易成本。

正是由于"家"的经济互助和精神互助这两种功能，使农民不仅有可能勉强满足今天的物质消费和精神需求，还能应对未来物质生活所需的收入的不确定性、身体健康的不确定性以及未来精神生活的不确定性。如生病、交通或生产事故、房子起火等意外事件以及娶妻、嫁女、盖房、养老等大开支，都是个人一辈子要应对的不好预测的各种风险。换句话说，在没有市场提供的各类保险、借贷、股票、投资基金、养老基金等金融产品的前提下，农民怎么规避未来风险，怎么安排不同年龄的生活需要呢？他们靠的是后代，靠的是家族、宗族。因此，成家生儿育女，而且最好是生儿子，就成了规避未来物质风险和精神风险的具体手段，即"养儿防老"。

生儿育女既是父母对未来的投资，又是为未来买的保险，儿女是人格化的金融产品。因此，"养儿防老"是保险和投资的概念，而"孝"则是儿女履行隐性"契约"的概念。以"孝"和"义务"为核心的儒家文化，是孔、孟为了降低这些隐性利益交易的不确定，增加交易安全而设计的（陈志武，2009，（a），201–202）。费孝通也指出，"儒家所注重的'孝'道，其实是维持社会安定的手段，孝的解释是'无违'——无违于父之教"（费孝通，2009，78）。

陈志武把儿女看作中国传统社会中人格化的金融产品，可能有些人认为过于赤裸裸而不能接受。但是，类似的思想早已有之，只不过陈志武是用金融学的术语表达，更为清晰而已。例如，叶光辉引述他自己1997年的说法："'养儿防老'是在未具体规划任何老人福利制度的传统社会中，父母赖以保障自己年老生活无虑的期待。同样，子女愿意敬爱与善待父母也可能是期待由拥有权力与资源的父母处，获得任何好处的考虑下的表现。这是一种工具性目的的交换行为，而且是人类交往互动中一项很根本的行为。不过在中国传统社会的孝道中，交换除了发生在互动亲子（父子）的身上外，还发生在跨代间的亲子（子孙）身上"（叶光辉，2005，305—306）。上海青年并不排斥陈志武式的观点。萨比特（Sabet, 2011）研究了上海"80后"，她引述一位深度访谈对象的话说："你要知道，你同你的儿女的关系是怎样的？是朋友关系还是投资关系？在西方，儿童是一个个体。他的父母认为，'我给他生命，我们有某种联系。'但是在中国，我不认为父母对儿童持有这种看法。中国父母把儿童看成私有财产……他们的儿女是他们唯一的希望，他们就是为儿女活着的。"萨比特认为，"感觉中国父母把儿童看成私有财产符合中国的实际情况：父母争相投资于儿童的未来，因为家庭要靠他们养老。"2015 年，一位中国留学生的自述再次证明陈志武说法的正确性。她说："我的家乡在浙江省一个名叫罗源的小山村……我正在攻读公共政策硕士学位……我父母都是农民，他们多年来的希望是，他们在我教育上的投资和耐心能够收获经济回报"（《参考消息》，2015-03-13）。

简言之，儿女要孝顺父母以实现父母"养儿防老"的目的，当儿女成为父母，也要求其儿女这样做。这就是上千年中国农业社会一代又一代的历史。陈志武指出，"传统中国家庭太以利益交换为目的了，一旦婚姻、家庭都成了实现生存概率最大化的工具，每个人都没有自己，而只是为别人活着的工具"（《北京晚报》，2009-08-24）。陈志武关于中国人的结论与梁漱溟关于中国人的结论是一致的。梁漱溟说，中国人在人伦中，"在伦理情谊中，彼此互以对方为重，早已超过了'承认旁人'那句话，而变成'一个人似不为其自己而存在，乃仿佛互为他人而存在者'"（梁漱溟，2010，71）。如果陈志武是对的，那么中国人"只是为别人活着的工具"的传统习俗也有了上千年的历史，这样的习俗是不会轻易消失的。

三、"中国人是他父母的儿子而不是他自己"的含义

儿女为父母养老或养儿防老

今天的中国已成为仅次于美国的世界第二大经济体了。但是，我国仍然是一个发展中国家，由于2亿多流动人口（农民工）没有城市户口，8亿人至今仍旧是农民，市民只有5亿人，因此，儒家传统"养儿防老"的思想在我国依然根深蒂固，陈志武的调查证明了这一点。

2005年陈志武对北京市、丹东市、徐水县以及河南的三个村作过一次调查，对于"你为什么要生小孩"的问题，各地人回答的情况如下：三个村平均有69%的人说"养儿防老"，而北京市只有12%的人说"养儿防老"，丹东市和徐水县在这两个极端之间。当被问到"你是不是因为爱小孩而生小孩"时，三个村平均只有16%的人说"是"，而北京市55%的人说"是"，丹东市和徐水县仍然在两端之间（陈志武，2009，204-205）。如果把"你为什么要生小孩"的问题看作对家庭经济互助功能的调查，而把"你是不是因为爱小孩而生小孩"的问题看作对家庭精神互

助功能的调查，那么，我们从调查数据可以看到：在农村，家庭经济互助功能是第一位的（养儿防老占 69%），而家庭精神互助功能比较少（爱小孩而生小孩占 16%）；在大城市里（北京），家庭精神互助功能是第一位的（爱小孩而生小孩占 55%），而家庭经济互助功能比较少（养儿防老占 12%）。

现在我国农民工约有 2 亿人，他们在城市没有户口，不能享受城镇居民的医疗、住房和教育补贴。他们老了只能依靠子女：城里人老了可以送到养老院，我们老了只能靠孩子。我们没有养老金，也没有什么指望，一切希望都寄托在孩子身上——这就是农民工的心声。他们不得不"养儿防老"。

另外，从子女的角度看，据《网易女人：敬老作业怎么做？第八期》报道，对 3.2 万多"70 后""80 后"和"90 后"网友的调查表明，30% 的人认为父母在子女婚姻大事上很功利，父母干涉儿女婚姻是为了改善他们自己的生活。近日一项 4562 人参与的媒体调查显示，84.5% 的人坦言将来养老的预期已经影响自己的职业选择（《北京晚报》，2013-03-15）。

这样，"养儿防老"是"中国人是他父母的儿子而不是他自己"的第一层含义。

望子成龙

中国人历来将子女看成自我甚至家族的延伸（各地兴建的宗祠、续的家谱说明了这一点）。父母的事业由子女来延续，"子承父业"是"养儿防老"的城市版。据调查估计，我国现有 1200 多万户企业，民营企业 1025 万户，占 80% 以上。而民营企业中又有 80% 以上是家族企业，家族企业中的人们彼此相互依赖自不必说。

"望子成龙"还表现在，父母自己未能实现的理想、愿望极力让子女来实现。这也是"虎妈""狼爸"教育的思想根源。2011 年中国社会科学院社会学研究所和社会科学文献出版社联合发布的《社会心态蓝皮书》称，"望子成龙"排在九大生活动力之首，这反映了中国传统文化对当代中国人影响甚大。还有人认为，"子承父梦"、完成父母之愿就是"为孝"之道，孩子是父母成功与否的唯一标准。很多家长从小把孩子当作一件"商品"进行攀比，比成绩、比学校、比才艺，长大了还比收入、比地位、比谁娶得好、谁嫁得好。

总之，儿女被束缚在家长的理想、愿望构成的"蜘蛛网"之中。这样，家长"望子成龙"的思想是"中国人是他父母的儿子而不是他自己"的第二层含义。

子女找对象要听父母的

冯友兰曾指出，"民初人常说：在旧日底社会中，人不是他自己，而是他的父母的儿子；他结婚并不是他自己结婚，而是他的父母娶儿媳。照民初人的看法，在这种情形下，当儿子底，固然不自由得可怜，当父母底，也未免专制得可恨。但是我们若知以家为本位底社会的经济制度，我们可见，这些都是应该如此底。谁也不可怜，谁也不可恨"（冯友兰，1938/2007，169）。

冯友兰接着说，在以家庭为基本经济单位的社会里，一家人都直接或间接地参与生产，或种田，或开铺子等。这样，父母为其子娶妻，意义并不仅是为其子娶妻，而是为他们的家接来一个共同生活的新成员，一个干活的人，一个助手。因此，他们的儿媳要由他们来选择。他们的眼光至少不能全部放在儿子的爱情上。这就是为什么贾母为贾宝玉选了薛宝钗而不是林黛玉。薛宝钗少年老成，当然比多愁善病的林黛玉能持家，能"立门户"。梁漱溟说，"西洋视婚姻为个人之事，恒由男女自主之；中国则由亲长作主，视为家族之事"（梁漱溟，2010，94）。父母为儿女包办婚姻或干涉儿女婚姻，就是"中国人是他父母的儿子而不是他自己"的第三层意思。

一种思想是在一定的经济制度中产生的，但当新的经济制度诞生以后，原有的思想并不立即消失，它仍在社会上流传一段时间，影响着人们的思想。即使在今天，没有父母的同意，许许多多的年轻人依然不能与心上人结婚！在《北京晚报》上（2012-02-07）有一个讨论："恋爱究竟是谁的事？"儿子小管说，"我都 27 岁了，还不知道自己喜欢什么样的女孩吗？！……我知道我爸妈喜欢什么样的女孩。我妈一直给我灌输……一定要模样超群且门

图 4.1 古典名著《红楼梦》

当户对——其实就是家庭背景能拿出来显摆。"小管妈妈说，"除了我这个在事业单位办公室做主任的妈，小管他爸更是知名企业的总裁。我们家可能让他随便娶个女孩进门吗？……他娶的是管家的媳妇，没有我们认可，别想得到支持！"小管父母虽然生活在21世纪，但婚姻观念还是民国初年的：儿子结婚并不是他自己结婚，而是他的父母娶儿媳。"非诚勿扰"节目（2016-5）主持人孟非也说过，在温州那个地方，做生意的人很多，资产在10亿、20亿元以内的都不好意思说自己是做生意的。那地方的年轻人，平时可以交许多女朋友，但是，到了要娶媳妇那天，你必须听父母的：我让你娶谁，你就得娶谁。为什么呢？我们家的买卖一定要和另一家企业联姻。如果不听话，老爷子一个电话，就把儿子的信用卡给停了，儿子三天都活不了。在这种情况下，儿子不得不乖乖地听话。

2015年外国媒体这样描述中国青年的婚姻状况："尽管中国年轻人或许正在稍微延长他们的单身生活，但在婚姻问题上，事实证明传统思想是难以撼动的。很多父母实际上对子女的婚配拥有否决权。如果一位男性追求者缺乏现代形式的'聘礼'——

一套房产，女方父母往往会行使他们的这一权力"(《参考消息》，2015-04-09)。

另外，在父母催婚的情况下，男女青年租对象回家过年的新闻不在少数。2016年春节前夕，北京东直门地铁站的一幅反逼婚广告让许多人记忆深刻，成员达一百多人的"反逼婚联盟"，第一次走进公众视野。华中师范大学性学教授彭晓辉认为，"逼婚"和"反逼婚"现象反映出中国两代人的观念冲突。"在中国，结婚不是个人的事儿，而是家庭的事儿。很多父母都是穷尽家庭的力量来促成婚姻。另外，中国人传宗接代的家庭理念强烈，也导致了特有的'逼婚'现象"(谢殊青，《南方周末》，2016-05-19)。

四、"中国人是他父母的儿子而不是他自己"的哲学基础

"中国人是他父母的儿子而不是他自己"是小农经济的产物，小农经济要求一家人相互依赖，不然个体无法生存。当然，

"中国人是他父母的儿子而不是他自己"还有它的哲学基础，它是天人合一的中国哲学的产物。

哲学家冯友兰继承了中国天人合一的传统思想并进一步阐述了人与社会的关系。他说，"个人是社会的一部分，人与社会的关系就是部分与整体的关系。就普通常识来说，部分的存在似乎先于整体，可是从哲学来说，应该先有全体，然后始有个体。例如房子中的支'柱'，是有了房子以后，始有所谓'柱'，假设没有房子，则'柱'不成为柱，它只是一件大木料而已。同样，人类在有了人伦的关系以后，始有所谓'人'，如没有人伦关系，则人便不成为人，只是一团血肉。不错，在没有社会组织以前，每个人确已先具有一团肉，可是我们之所以成为人，却是因为有了社会组织"（冯友兰，2007，53）。

那么，中国的社会组织是怎样的呢？冯友兰说，"中国的社会制度便是家族制度。传统中国把社会关系归纳成五种，即君臣、父子、兄弟、夫妇、朋友。在这五种社会关系中，三种是家庭关系，另两种虽不是家庭关系，也可以看作家庭关系的延伸。譬如君臣关系，被看作父子关系；朋友则被看作兄弟关系"

（冯友兰，1948/2004，18）。这样，就像香港学者金耀基说的那样，"传统上中国人极少认为自己是一个孤立的实体。他是他父亲的儿子，他儿子的父亲，他哥哥的弟弟……换句话说，他的家庭的一员。作为一个具体的个人，他生活在、活动在家庭的天然环境中，这就是他的存在"（King，1985，59）。

按照冯友兰的说法，一根"柱子"离开了房子便不成为"柱子"，它只是一件大木料而已；同样的逻辑，一个"人"离开了家庭便不成为"人"，只是一团血肉而已。

这样，中国的"人"的概念是由人与人之间的关系定义的。因此，"人不能单独存在；所有的人的行动一定是以人与人之间的交互作用形式存在的"（胡适，1929/2006，107）。这些思想从哲学上解释了为什么每一个中国人都是父母的儿子。

小　结

总之，"中国人是他父母的儿子而不是他自己"的说法源自《孝经》，它是小农经济的产物，体现的是天人合一的哲学。

说"中国人是他父母的儿子而不是他自己"，实际上就是说，中国人不是独立的个体，他永远是家庭的一员，而家庭、家族的成员必须相互依赖。

图 4.2　支柱

图 4.3　木料

作家杨争光 2010 年发表了小说《少年张冲六章》，小说以少年张冲的成长轨迹为线索，折射了中国传统文化及中国式教育对孩子的不当影响和干扰，表达了他的沉思：在我们的文化里，少年张冲和我们一样首先不属于他自己，或者干脆就不属于自己。他属于父母，属于家庭，属于亲人，属于集体，最终属于祖国和人民（杨争光，2010，266）。杨争光对中国人的观察与思考和美国社会心理学家尼斯贝特对中国人的观察与思考是相同的："对每一个中国人来说排在第一位、最重要的是一个集体或几个集体（家族、村子，尤其是一个家庭）中的一员。个体并不像希腊人那样是在各种社会环境中保持着个体特征的独立单元……希腊人追求个人自由的意识，中国人是没有的"（尼斯贝特，2006，1-4）。

杨争光还说，我写张冲，但我写的是中国人的普遍处境（《北京晚报》，2010-11-02）。在 2012 年伦敦奥运会上受伤的刘翔被他的母亲喻为"国家的儿子"，是对杨争光"我写的是中国人的普遍处境"的说法的最新例证。刘翔及其团队在明知刘翔脚有伤的情况下，按照领导"力争金牌"的指示，拼命一搏。结果刘翔在跨第一栏时就摔倒在地，后来刘翔单腿跳到终点，全场观众为之动容。刘翔无法做自己，刘翔母亲说，刘翔是国家的儿子！

人类学家许烺光从婚姻、政治、宗教、经济等几个方面比较中美两大民族的生活、思维模式。中国人的特色是相互依赖和情境中心，而美国人的特色是自我依赖和个人中心。中国人的相互依赖局限于家属关系网内而不像日本人那样强化和推广到个体与国家的关系上。这种狭窄的相互依赖性，在某程度上会演变为社会心态和群众行为，或多或少导致中国人在 19 — 20 世纪列强入侵中国时如散沙般的反应。

图 4.4　《孝经》封面

"刘翔是中国的儿子"或"我们都是中国的儿女"，这些类似的说法或呼声意味着中国人在某种情况下会突破狭窄的相互依赖性，从以家属关系为本的自我进入以国家或其他非家属关系为本的自我。值得我们深思的是，中国人超家属关系的自我是否还包括自己？

参考文献

胡适．中国哲学史大纲．北京：团结出版社，1918/2006．

冯友兰．理想人生．北京：北京大学出版社，2007．

冯友兰．中国哲学简史．北京：新世界出版社，2004．

梁漱溟．中国文化的命运．北京：中信出版社，2010．

费孝通．乡土中国 生育制度．北京：北京大学出版社，1947/2009．

叶光辉．孝道的心理与行为．杨国枢，等．华人本土心理学．台北：

远流出版事业股份有限公司，2005：293-330.

陈志武．金融的逻辑．北京：国际文化出版公司．2009.

陈志武答记者．北京晚报，2009-08-24.

杨争光．少年张冲六章．北京：作家出版社，2010.

杨争光答记者．北京晚报，2010-11-02.

King A.Y.C. The Individual and Group in Confucianism: A Relational Perspective. In Munro, D (Ed.), Individualism and Holism: Studies in Confucian and Taoist Values. Ann Arbor, MI: University of Michigan Press. 1985, 57-70.

Liu F. Negotiating the filial self: Young-adult only-children and intergenerational relationships in China. Young — Nordic Journal of Youth Research, 2008, 16(4), 409-30.

Sabet D. Confucian or Communist, Post-Mao or Postmodern? Exploring the Narrative Identity Resources of Shanghai's Post-80s Generation. Symbolic Interaction, 2011, 34(4): 536-551.

第五讲

中国人自我的心理特点：自我包括母亲

在第四讲我们讨论了"中国人是他父母的儿子而不是他自己"，这个说法表明，中国人是父母的一部分。由此，我们也很容易理解，父母是中国人自我的一部分。对中国人来说，自我与父母的心理表征是重合在一起的。下面，我们用心理学实验证明，中国人的自我包括母亲。

由于自我处在一个人经验中的核心地位，因此，自我对一个人的全部行为（注意、知觉、认知、情绪、动机、关系以及团体过程）都有深刻的影响。记忆是认知的一个重要部分，大量的记忆研究证据表明，中国人的自我包括母亲。

一、自我参照效应

自我参照效应（self-reference effect）是研究自我影响记忆的一种方法，或称实验范式。实验是这样进行的：被试坐在计算机屏幕前，计算机逐个呈现一系列人格形容词，如勇敢的、勤劳的、不讲卫生的等。在自我参照实验条件下，被试的任务是判断这些人格形容词是否适合描述自己；他人参照：被试的任务是判断这些人格形容词是否适合描述一位公众人物。例如，美国前总统克林顿或中国前总理朱镕基（或鲁迅）；母亲参照：被试判断人格形容词是否适合描述自己的母亲。被试按键做"对或错"的回答。学习完呈现的人格形容词之后，被试进行记忆测验。记忆测验时心理学家提供给被试的人格形容词中，一半是被试刚才学习过的，另一半是新词。实验人员随机逐个呈现人格形容词，要求被试尽可能多地认出他/她刚才学习过（判断过）的单词，然后将被试正确认出来的人格形容词归类，看认出的形容词是属于自我参照、他人参照还是母亲参照。

以西方人为被试的结果如下：

a. 自我参照条件下的记忆成绩优于他人参照。这就是说，凡是与自我挂钩的人格形容词记得比与公众人物挂钩的好。

b. 母亲参照的记忆成绩比自我参照的差（见表 5.1）。

表 5.1　自我参照效应（英国人）[*]

学习任务	记忆成绩（%）
自我参照	50
母亲参照	28
克林顿参照	28

* Conway M.A（private commanication in 2000）

朱滢等人（Zhu & Zhang, 2002）以中国人为被试进行自我参照效应研究的结果不同于以西方人为被试的结果。他们发现，虽然中国人自我参照的记忆成绩优于他人参照，但是，中国人母亲参照的记忆成绩与自我参照的类似。例如，自我参照 0.84，母亲参照 0.83，鲁迅参照 0.70（见表 5.2）。

上述研究有两方面的意义：一是证明了记忆与自我有密切的关系。在日常生活中，我们每时每刻接触到大量的信息，但自我像是一个过滤器，只保留那些与自我有关的信息，而滤掉那些与自我无关的信息。这解释了为什么自我参照的记忆优于他人参照的记忆。二是说明自我概念有文化差异。中国人的自我概念包括母亲，母亲就是自我的一部分。因此，与母亲有关的信息就像与自我有关的信息一样，得到保留，这导致母亲参照的记忆成绩与自我参照一样好。但西方人的自我概念不包括任何其他人，所以，西方人的自我参照的记忆优于母亲参照，对于西方人的自我来说，母亲与克林顿处在同样的地位，即都在自我之外。

表 5.2　自我参照效应（中国人）[*]

学习任务	记忆成绩（%）
自我参照	84
母亲参照	83
鲁迅参照	70

*Zhu & Zhang, 2002

二、提取诱发遗忘

心理学把记忆过程分为三个阶段：首先是对材料的学习或对信息的编码加工；其次是信息的存储阶段；再次是把存储的

信息提取出来，即回忆出来，认出来。提取诱发遗忘（retrieval-induced forgetting）指的是，当一个人提取存储着的一部分信息A时，同时也抑制（压抑）了存储着的另一部分信息B，导致不能提取B（Anderson et al.1994）。但是，后来的研究表明，在要求西方被试对材料进行自我参照加工的条件下，没有出现提取诱发遗忘，而好朋友参照和他人参照（公众人物参照）加工的条件下都出现了提取诱发遗忘（Macrae et al.2002）。关于这一结果可以解释为，自我是一个独特的认知结构，与自我有关的记忆内容对于个人有着特殊重要的意义，因此在自我参照加工条件下记忆材料会得到精细的独特性加工，对这部分材料进行提取时不会对其中的任何部分产生抑制，也就不会出现提取诱发遗忘现象；而在好朋友参照和他人参照条件下，材料得不到像自我参照条件下的独特性加工，所以会导致提取造成的遗忘。总之，自我参照没有出现提取诱发遗忘表明，自我参照在记忆的提取阶段的优势。而在自我参照效应中自我参照的记忆优于他人参照的记忆则表明，自我参照在记忆的编码加工阶段的优势。

　　杨红升等人（2004）从中国人的互倚型自我不同于西方人的独立型自我出发，设想不仅中国人的自我参照不会出现提取诱发遗忘（这与西方人的自我参照结果一致），而且母亲参照也不会出现提取诱发遗忘，因为中国人的自我包括母亲。实验结果证实了设想的正确性，即对中国人来说，母亲参照的确不会出现提取诱发遗忘。用几个例子说明实验结果，大致是这样的：①自我参照，当被试回忆（提取）出"我昨天买了一个篮球"时，被试也能回忆出"我大前天买了一个台灯"。②母亲参照，当被试回忆出"我妈妈在报摊上买了一份杂志"时，被试也能回忆出"我妈妈上星期买了一对灯笼准备过年"。总之，提取自我参照加工的材料和母亲参照加工的材料，不会造成遗忘。③他人（赵忠祥）参照：当被试回忆出"赵忠祥前天在书店签名售书"时，被试多半会忘了"赵忠祥昨天在露天篮球场打球"。换句话说，被试提取他人参照加工的某部分材料时，会对他人参照加工的另一部分材料造成遗忘。

三、中国人关于母亲的联想不同于美国人

当一个人回答"我是不是勇敢的？"问题时，美国心理学家克雷恩等人（Klein et al. 2001）假设会有两种应对办法：一种办法是在语义记忆中寻找关于自己的概要信息，即一般说来我是勇敢的，我是守时间的，我不勤快等；另一种办法是在情景记忆中寻找一个例子来说明，我是不是勇敢。例如，有一次我看见几个小流氓欺负一个小女孩，我勇敢地保护小女孩。构筑语义记忆的人格特质概要信息库只有在情景记忆中的具体行为例子足够多时才会产生。例如，我有2~3次勇敢的行为之后，我才能认为，一般来说我是勇敢的。还有，人格特质概要信息库的建立并不消除情景记忆中证明我勇敢的例子，勇敢的概要（抽象）信息与勇敢的例子可以并存。一个人有越多的关于某个人的行为知识，则越有可能形成某人的人格特质概要信息库，从而更少地依赖具体事例回答问题。

一般来说，当回答"我是不是勇敢的？"问题时，人们先从人格特质概要信息库寻找，因为这可以快速地获得相关信息。

如果我的人格特质概要信息库中有"勇敢的"，我很快就回答了问题；如果概要信息库中没有"勇敢的"，我就要从情景记忆中寻找我不勇敢的例子，然后回答：我不勇敢。简言之，特质概要的存在有助于提高判断的速度，而情景记忆的例子有助于提高判断的准确性，因为特质概要只提供了平均的情况，它没有告诉我们在什么情况下偏离平均。克雷恩等人（Klein et al. 2001）的实验结果表明：①西方人对自我的人格特质形成了概要信息库，而且，这种概要信息库包括高频率、中频率与低频率使用的人格形容词。这表明，西方人对自我是非常熟悉的。②西方人也形成了母亲的人格特质概要信息库，但这个信息库只包括高频率使用的人格形容词。换句话说，西方人只对经常观察到的母亲的行为形成了人格特质概要信息库。要求西方人对母亲不常见的人格特质作判断时，他们只能从关于母亲的情景记忆中搜索具体的行为例子来回答。

张力等人（2005）以中国人作被试重复克雷恩等人（Klein et al. 2001）的实验，目的是验证如下构想：如果中国人的自我概念包含母亲，那么，中国人针对母亲的高、中、低频率的特质概要信息库都可以形成，而不是像美国人那样只在高频率情况下才形成。实验结果表明，中国人对自我和母亲人格特质的加工过程具有一致性，自我和母亲在语义记忆中的特质概要信息库在高、中、低频率上都可以形成。因此，中国人针对母亲的人格特质判断可以直接由语义记忆获得。而克雷恩等人证明，西方人关于母亲只形成了高描述程度（经常使用的）的人格特质概要信息库。因此，如果要求西方人进行针对母亲的中等或低等描述程度人格特质作判断时，他／她必须从情景记忆中去寻找具体事例。这就是中国人关于母亲的联想不同于美国人的地方。换句话说，中国人对母亲的熟悉程度远高于美国人对母亲的熟悉程度。

小　结

以上三类记忆实验结果说明，中国人的自我包括母亲。这些结果包括：母亲参照的材料与自我参照的材料记得一样好；母亲参照的材料与自我参照的材料一样不会产生提取诱发遗忘；

母亲与自我一样，在语义记忆中的人格特质概要信息库在高、中、低频率上都可以形成。中国人记忆中母亲和自我的作用（角色）是完全一致的，但西方人记忆中自我的作用大于母亲。

总之，虽然中国人的自我包括他人在别处已有论述（Heine，2001；Yang, C.F, 1991），杨宜音（Yang, Y. 2010）也提出过中国人的自我是家庭自我的说法，但上述的记忆研究首次用实验的方法证明，中国人的自我包括母亲，为中国人家庭自我提供了新的论证。或许更重要的是，用实验方法证明中国人的自我包括母亲，为神经科学在大脑中寻找中国人的自我表征与母亲表征奠定了基础。这部分内容我们将在第八讲叙述。

参考文献

杨红升，朱滢. 自我与提取诱发遗忘现象. 心理学报，2004（2）：154-159.

张力. 中国人关于母亲的联想不同于美国人. 北京大学学报（自然科学版），2005（6）：941-949.

Anderson M.C., Bjork R.A. & Bjork E.L. Remembering can Cause

Forgetting: Retrieval Dynamics in Long-Term Memory. Journal of Experimental Psychology: Learning Memory and Cognition. 1994, 20(5): 1063-1087.

Conway M. A. Private communication in 2000.

Heine S.J. Self as Cultural Product: An Examination of East Asian and North American Selves. Journal of Personality, 2001, 69(6): 881-906.

Kitayama S. & Uskul A.K. Culture Mind and The Brain: Current Evidence and Future Directions. Annual Review of Psychology, 2011, 62: 419-49.

Klein S.B., Cosmides L., Tooby J. et al. Priming Exceptions: A Test of The Scope Hypothesis in Naturalistic Trait Judgments. Social Cognition, 2001, 19(4): 443-468.

Macrae C.N. & Roseveare T.A. I was always on My Mind: The Self and Temporary Forgetting. Psychonomic Bulletin & Review, 2002, 9(3): 611-614.

Markus H.R. & Kitayama S. Culture and The Self: Implications for Cognition Emotion and Motivation. Psychological Review, 1991, 98(2): 224-253.

Markus H.R. & Kitayama S. Culture Self and The reality of The Social. Psychological Inquiry, 2003, 14(3-4): 277-283.

Markus H.R. & Kitayama S. Cultures and Selves: A Cycle of

Mutual Constitution. Perspective on Psychological Science, 2010, 5(4): 420-430.

Yang C.F. A Preliminary analysis of The Chinese Self: Theoretical Considerations and Research Direction. In: C. F. Yang & H. S. R. Kao, eds, Chinese People, Chinese Mind, Personality and Social Psychological Perspectives, Taipei, Taiwan: Yuanliu Publishing Co.1991, 93-145.

Yang Y., Chen M., Chen W., Ying X., Wang B., Wang J. & Kolstad A. Effects of Boundary-Permeated Self and Patriotism on Social Participation in The Beijing Olympic Games. Asian Journal of Social Psychology, 2010, 13: 109-117.

Zhu Y. & Zhang L. An Experimental Study on The Self-Reference Effect. Sciences in China, Series C, 2002, 45: 120-128.

第六讲

中国人自我的心理特点：辩证的自我

一、东西方不同的世界观与东西方不同的自我概念

美国社会心理学家尼斯贝特和他的学生长期以来致力于研究东西方世界观的差异，他的中文译著《思维的版图》（中信出版社，2006）总结了他们的研究成果。在这本书的封面写着：东方人见森，西方人见木。的确，这句话高度概括了东、西方世界观的差别。

西方人的思维可以被看作分析性的，他们注意的是一些独立于背景的物体；进而评估物体的性质并按性质将物体分类，这样做的目的是发现制约物体运动的规律。这些规律有时十分

抽象叫作逻辑规律。由于这些规律制约着物体的运动，一个人掌握了这些规律就可以预期物体的运动，因而西方人具有控制物体的感觉与想法。与西方人相反，东亚人（中国人、日本人和韩国人）的思想是整体性的，他们注意的是物体所在的场所和背景；物体、事件之间的关系也为东亚人所重视，但物体的性质与分类则被忽略了。由于缺乏对物体运动规律的了解，中国人相对说来也缺乏个人主宰和控制的感觉。代替逻辑规律的是辩证的思维，包括在明显矛盾的两极之间找到"折中"（middle way），以及认识到在对物体和个体决策时背景或环境的重要性（Nisbett & Masuda, 2003）。

下面举一些心理学、神经科学的实验来证明上述论点。

注意物体还是注意物体的关系或物体的背景

北山志等人（Kitayama et al. 2003）进行了一个棒框实验来测量整体性对分析性（holistic versus analytic）的知觉（见图6.1），被试是美国学生和日本学生。

大方形每边 90 毫米，其中直线长 30 毫米即大方形高的

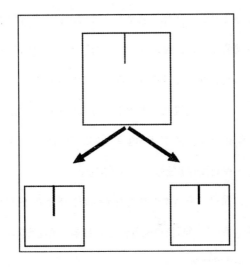

图 6.1　棒框实验（Kitayama et al. 2003）

1/3。首先呈现这个大方形和其中的直线给被试。然后要求被试做两件事：①绝对任务。要求被试以上面大方形中的一条直线为标准，在左边的小方形中画一条直线与大方形中的直线一样长（30 毫米），这叫绝对任务，即所画直线要独立于小方形这个背景。②相对任务。要求被试以大方形与直线为标准，在右边的小方形中画一条相应的直线，使所画直线与小方形高的比例与大方形高与直线比例相等，这叫相对任务，即画直线要考虑小方形这个背景。实际上就是要求被试在右边小方形中画一条等于小方形高 1/3 长的直线。实验结果表明，美国学生在绝对任务中做得比相对任务更好，而日本学生在相对任务中做得比绝对任务更好。这说明日本学生比美国学生更注意方形这个背景，或者说，在画线时日本学生更能够结合（体现）背景信息；而美国学生在画线时更能够忽略背景信息。

总之，在对一个客体作判断时（例如，学生在上述实验中对画好的一条直线判断长短是否合适），日本人关注客体的背景，而美国人关注客体的本身。

在北山志等人的结果发表 3 年之后，冈切斯等人（Gutchess et al. 2006）发表了关于文化对物体加工影响的脑成像研究。参加冈切斯实验的有中国学生 11 名（5 名来自中国香港，6 名来自中国大陆，他们在美国留学的平均时间为 2.5 年），美国学生 11 名。实验中使用的刺激图形有三类（见图 6.2）。

实验是这样进行的：将三类图形各 40 张共 120 张随机通过计算机呈现给被试，每张图形呈现 4 秒，要求被试按键回答（判断），他 / 她对图形喜欢、不喜欢或无所谓（中性）。从被试看图片开始到做出回答，功能磁共振成像系统对被试的大脑进行扫描。在图片按键判断结束后休息 10 分钟，然后进行再认测验，研究者将见过的 120 张图片与新的 120 张图片（每类图片 40 张）随机混合，一次一张地呈现给被试，要求被试回答：他／她刚才是否见过该图片。

图 6.2 冈切斯等人 (2006) 的实验用图

实验结果表明，中美学生在三类图片的再认测验中无差别，换句话说，对中国或美国学生来说，学习与记忆这些图片难度是相等的。但是，脑成像的结果却显示，与中国学生相比，美国学生头脑中有更多的脑区参与了对客体的加工，这些脑区包括双侧颞中回、左侧顶（parietal）／角（angular）区以及右侧颞上回。但在参与背景加工的脑区，中美学生的区别不大。总之，这个实验说明，美国学生比中国学生在对客体加工时激活了更多的脑区，证明文化的确在塑造我们大脑的功能，在塑造我们认识世界的方式。不同文化背景的学生有认识世界的不同方式。

对事物进行分类

把鸡、草、牛三张图片放在一起，让美国小朋友和中国小朋友作判断，哪两张图片放在一起最合适。美国小朋友多半把鸡和牛放在一起，因为它们都是动物；中国小朋友多半把牛与草放在一起，因为牛吃草。换句话说，中国小朋友根据事物的关系来分类，而美国小朋友根据事物的属性来分类。

另一个实验是让被试报告，图 6.3 中下面的植物（Target object）与左边的植物（Group 1）相像还是与右边的植物（Group 2）相像。被试有三类：欧美学生、亚洲留学生和东亚留学生。

结果是，近 70% 的欧美学生认为下面的植物与右边的植物相像，因为下面的植物与右边的植物都有直的茎，这一特征把它们联系在一起了；而近 60% 的东亚留学生认为下面的植物与左边的植物相像，因为下面的植物与大部分左边的植物（3/4）有类似的花瓣，与大部分左边的植物（3/4）有类似的叶子。换句话说，东亚留学生以两者相似的部分（花瓣和叶子）的多少来判断是否相像。而亚洲留学生的反应则处在欧美学生与东亚留学生之间。欧美学生更多地以单一维度的规律性作为分类的依据，而东亚留学生更多地以整体上的类似性作为分类的依据。

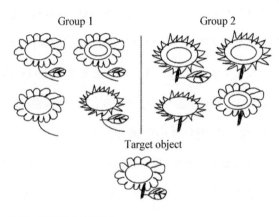

图6.3　相似性归类实验用图

认为事物是变化的还是稳定的

西方人在他们的世界中看到稳定性，而中国人在他们的世界中看到变化。这种差别可能与西方人关注客体而中国人关注背景有关。如果一个人注意焦点上的物体及其性质，并把物体按性质分类，进而寻找抽象而静态的规律，那世界对他来说自然就显得稳定。然而，如果一个人主要注意多个物体及其关系，那世界对他来说自然就是处在不断变化之中（Nisbett & Masuda，2003）。

季丽君等人（Ji et al. 2001）系统地通过实验比较了中国人与美国人对变化的看法。我们在这里仅介绍她们的两个实验。

一个实验考察中国人是否比美国人更多地预期事情会发生变化。参加实验的有北京大学的学生63名以及美国密歇根大学的学生56名。实验材料为下面四段短文：

a. 露西（女）和杰弗（男）都是同一所大学的高年级学生，他们恋爱已有两年时间。你预期他们毕业之后分手的可能性有多大？

b. 两个小孩在幼儿园打架。你预期某一天后他们成为恋人的可能性有多大？

c. 查理出身贫寒家庭但勉强上了大学。你预期他将来有一天变成富人的可能性有多大？

d. 文森特高中三年一直是国际象棋冠军。你预期在下一次对抗赛中他输的可能性有多大？

实验中，美国学生用英文进行，中国学生用中文进行。对每个问题作判断的可能性从 0~100%，实验结果见表 6.1。中国学生比美国学生更多地认为事情在将来总是要发生变化的。

表 6.1 中美学生预期变化的比较（％）

问题	中国学生	美国学生
a	60.46	40.43
b	66.48	52.89
c	42.71	22.3
d	52.71	29.49

另一个实验考察中国人是否比美国人更有可能预期某种正在进行的变化将要发生变化，或者说，已有的变化趋势将会改变。被试是 75 名美国学生和 58 名中国学生，实验结果见图 6.4。

实验是这样进行的：给被试呈现（a）（b）（c）（d）图中的前三个黑方块，要求被试按自己对前三个黑方块形成的变化趋势的理解，填上 4 与 5。（a）代表负加速的衰退，（b）代表正加速的衰退，（c）代表负加速的增长，（d）代表正加速的增长。

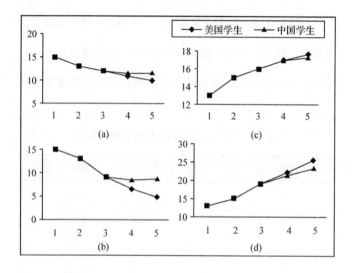

图6.4　中美学生预期现有变化将会改变的实验结果

实验结果中，美国学生填的4与5处用黑菱形表示，中国学生填的4与5处用黑三角表示。实验结果说明，中国学生更倾向于已有的趋势要发生变化。例如，(a)中，美国学生的黑菱形与原来的三个黑方块形成一致的变化趋势（负加速衰退），而中国学生的黑三角使整条曲线抬高了，即4与5处的黑三角改变了前三个黑方块的走向。又如，（d）中，美国学生的黑菱形与原来的三个黑方块形成一致的正加速增长趋势，而中国学生的黑三角使整条曲线降低了，即 4 与 5 处的黑三角改变了前三个黑方块的走向。

上述两个实验说明，中国人比美国人更倾向于预期事物会发生变化。

总之，西方人更关注单个的客体，并按客体的性质对事物进行分类，从而寻找事物抽象和不变的规律，因而西方人眼中的世界多为恒常的；而东亚人更关注客体之间的关系以及客体的背景，并从整体上的类似性把握和认识客体，因而东亚人更倾向于世界是变化的。

二、中国人自我的辩证性质：容忍矛盾，预期
变化和认识上的整体论

朴素辩证法（naive dialecticism）是理解自我的文化差别的新途径，它不同于从价值观念的角度（个人主义——集体主义），或从自我结构的角度（独立型自我——互倚型自我）来理解自我的文化差别（Triandis,1995; Markus & Kitayama,1991）。例如，自我结构的角度把自我与他人的关系作为区分独立型自我与互倚

型自我的标准，但朴素辩证法把自我关联于天地万物。在回答"我是谁"时，东亚人常常说，"我是人"。这样的回答反映了东亚人具有的朴素辩证法的思想——整体论的思想：在天地万物中我是人。而用自我与他人的关系作为标准，就不好解释"我是人"这种回答的意义。

斯宾塞－罗杰斯等人（Spencer-Rodgers et al, 2009）对中国人自我的辩证性质进行了一系列研究。在这里介绍其中的三个实验。

中国人自我概念中矛盾的思想

斯宾塞－罗杰斯等人假定，由于中国人具有朴素辩证法思想（道家的阴阳、"塞翁失马"的故事等），中国人会有较西方人更多的关于自我的矛盾说法，更多的关于自我动态变化的说法，以及更多的从整体上叙述自我的说法。实验1对这种假定进行了检验。参加实验的有北京大学的学生95名，美国加州大学伯克利分校的欧美学生97名。实验是这样进行的：对"我是谁"这个问题，每个学生写出20句话作回答。然后将回答分成三类：矛盾的、变化的和整体的（见表6.2）。

表6.2 辩证的编码方式

分类	例 子
矛盾	我通常懒散但有时勤快；我对生活热情又闷闷不乐。
	我重实践也爱梦想；我爱助人有时也自私。
	我不是一个好学生；我不是来自富有家庭。
	我比过去胖些；我有女朋友了。
变化	我还在学习滑雪；我正在决定上哪个班级。
	做完这件事我就回家；四月份我就要19岁了。
	我在找一位女朋友；我想有个家。
	有时候我瞎花钱；在许多人面前我害羞不知道怎么才好。
整体论	在宇宙中我是一个微不足道的人；我是人类。

对表6.2有一些说明。对自我作动态变化的描述如"我尽量不说谎"，不同于静态的描述"我是老实人"。整体型的自我描述是指把自我与万事万物联系起来，或将人类与整个生物界联系起来，如"最重要的是我是一个生物体"。变化的观念反映在自我描述中，表现为自我在时间、地点、场合或程度上的变化。如"在老同学面前我是友好的"，"我多少有些害羞"，

"我现在胖些"。

实验1的结果表明,中国学生比美国学生在自我描述中有更多的矛盾说法,有更多的动态变化说法,有更多的整体性说法。例如,美国学生更倾向于直接或肯定地说"我是友好的",但中国学生常常通过否定的方式来表达我不害羞。这种通过否定定义(definition by negation)的方式表明,中国人头脑里有很多关于自己的矛盾说法会自动从记忆中提取出来。

自我概念的内隐测量

在实验1中,中国学生和美国学生对"我是谁"这个问题做出回答,有人会怀疑这种实验方式不能真实地反映中美学生的差别,所得结果可能反映了中美学生谈论自己时表述风格上的差别。为了排除这种怀疑,斯宾塞－罗杰斯等人在实验3采用一种内隐的即无意识的方式来进行测量。实验3的被试包括47名北京大学的学生和42名美国加州大学伯克利分校的欧美学生。学习的单词包括14对矛盾的人格形容词(28个)以及32个填充词(不是两两相互矛盾的)。矛盾的人格形容词如智慧的—

愚蠢的，努力工作的—懒惰的，可靠的—不能依靠的，热情的—
拘谨的，活跃的—被动的，爱说话的—沉默的。填充词如浪漫的，
挥霍的。

实验是这样进行的：被试对每个呈现的单词作出反应，即
回忆一段与单词有关的自己的经历。如在美国进修期间，我努
力工作……我的初恋……算不上是浪漫的。见到呈现的单词，
被试必须在60秒之内回忆一段自己的经历，不然，下一个单词
就接着呈现了。对60个单词作记忆之后，接着对被试干扰5分
钟（做4分钟算术题，或在打满数字的A4纸上对0和3打"√"），
干扰就是指干扰被试对刚才见过的单词的回忆。之后，要求被
试在15分钟内尽量回忆刚才见过的60个单词，并用几句话描
述一下与该单词相关的记忆。

实验结果如下：①中国学生比欧美学生记住更多的矛盾人
格形容词。②欧美学生比中国学生记住更多的填充词。③欧美
学生记住的矛盾人格形容词同填充词一样多。④中国学生记住
的矛盾人格形容词多于填充词。总之，中国学生记住更多的关
于自己的矛盾的信息表明，中国学生比欧美学生具有更多的关

于自己的矛盾信息。而且这样的结果是在回忆单词及有关记忆的任务中得到的，并不涉及言语表述，因而，用这样的方式得到关于自我的信息是内隐的、无意识的。

辩证法思想与自我概念矛盾性的关系

上述实验 1 与实验 3 表明，中国人比欧美人有更多的关于自我的矛盾叙述。实验 5 的目的是直接测量辩证法思想与自我概念矛盾性的关系。被试包括 157 名中国学生（北京大学），78 名亚洲留学生及 53 名欧美学生（美国加州大学伯克利分校）。首先对被试的辩证法思想进行测量。对 32 个项目做 1（非常不同意）到 7（非常同意）的评定。项目的例子："我听着双方辩论，常常觉得双方都有理"；"我有时相信两个事物是相互矛盾的"；"我通常发现我的信念和态度在不同场合发生变化"。其次对被试的人格特点作评定：对 49 个单词，包括矛盾的人格形容词以及不矛盾的人格形容词是否适合自己做判定，评定等级从 1（完全不适合）到 9（非常适合）。矛盾的人格形容词举例如下：爱说话的—沉默的，富有想象力的—没有想象力的，现代的—传统的，逻辑的—情绪的，好交际的—害羞的，现实的—理想的，愚蠢的—聪明的，决意的—随意的，有组织的—无组织的。

实验结果表明，①在辩证法思想测量上，中国学生和亚洲留学生高于欧美学生。②在人格特点评定上，中国学生和亚洲留学生更多认同对自己的矛盾的叙述。综合①与②的结果，我们可以说，具有更多辩证法思想的中国学生与亚洲留学生更多地认同自己是一个矛盾的结合体。

小　结

实验1让中美学生用20句话来描述自己，回答"我是谁"的问题，结果表明，中国学生比美国学生关于自己的描述具有更多矛盾的、变化的以及整体论的性质；实验3以一种内隐的、无意识的方式重复了实验1的结果；实验5直接测量辩证法思想与自我概念矛盾性之间的关系，结果表明，中国学生比欧美学生具有更多辩证法思想，他们的自我概念中也具有更多矛盾的成分。

　　总之，如果用中国学生代表中国人的话，我们可以说，中国人的自我具有辩证的性质，包括中国人能容忍、承认矛盾的事物（A 同时也是非 A），预期变化（事物发展到一定程度自然会变化）和从整体性上看问题（个人自我不仅同他人有关，也同天地万物有关）。简言之，中国人的自我是阴阳的自我。

　　自我的连贯、一致性被西方人看作理想的境界，并且与幸福感联系在一起。连贯、一致的自我为西方人组织经验、定义一个人的存在、指导社会行为和预期将来提供了保障。但是，在不同文化中自我一致性的实现方式可能是不同的。在西方，如果一个人具有大量的外向品质，那么他必然只有很少的内向品质（大量 A 而很少非 A）。但在辩证的文化中，一个人追求的是平衡，如果一个人具有大量的品质 A，为了平衡，他必然也追求具有相当数量的相反的品质（非 A）。平衡就是中国人追求的自我一致性，平衡也同样为中国人组织经验、理解自己、指导社会行为和预期将来提供保障。朱滢等人曾引述物理学家普利高津（Prigogine）的话，"平衡"的思想对中国人来说非常重要，"平衡"就是中国人追求的理想生活状态："西方科学强调原子、分子、基本粒子和生物分子的重要性，通过研究它们去发现事物最终的成因；然而，中国人关于自然的假设建立在'关系'之上，自然是一个自组织的物理世界，其变化发展是为了保持它的平衡。"（Zhu & Han, 2008）

图 6.5 太极图

参考文献

[美] 理查德·尼斯贝特 . 思维的版图 . 北京：中信出版社，2006.

Gutchess A.H, Welsh R.C, Boduroglu A. & Park D.C. Cultural Differences in Neural Function Associated with Object Processing. Cognitive and Affective Behavioral Neuroscience, 2006, 6:102-9.

Ji L.J., Nisbett R. & Su Y. Culture, Change, and Prediction. Psychological Science, 2001, 12(6):450-456.

Kitayama S., Duffy S., Kawamura T. & Larse T. Perceiving an Object and its Context in Different Cultures: A Cultural Look at

New Look. Psychological Science, 2003. 14: 201-6.

Markus H. R. & Kitayama S. Culture and The Self: Implications for Cognition Emotion and Motivation. Psychological Review, 1991, 98(2):224-253.

Nisbett R. & Masuda T. Culture and Point of View. PNAS, 2003, 100, 11163-11170.

Spencer-Rodgers J., Barbara S., Boucher H.C., Mori S.C, ,Wang L. & Peng K.P. The Dialectical Self-Concept: Contradiction, Change, and Holism in East Asian Cultures. PSPB, 2009. 35(1): 29-44.

Triandis H.C. Individualism and Collectivism. Boulder, CO: Westview. 1995.

Zhu Y. & Han S. Cultural Differences in The Self: From Philosophy to Psychology and Neuroscience. Social and Personality Psychology Compass 2/5, 2008, 1799-1811.

第七讲

中国人的双文化自我

一、双文化自我的概念

在当今经济全球化浪潮和多元文化交流的背景下，台湾心理学家陆洛和杨国枢（2008）概述了中国人的双文化自我："当华人社会从小农经济的生产系统走进资本主义的工业化生产系统时，当代华人就必须越来越常与其亲密关系网络之外的人互动。因此，在一个繁荣的现代华人社会中，传统的'互依包容的自我'与现代的'独立自主的自我'便都有其生存和适应的功能，缺一不可。"传统自我是社会取向的自我，它有如下一些特点：①中国人的自我不仅是个人行为的原始动力，也是现实理想社会的工具。②中国人自我的终极目标是通过自我修养、自我超越达到自我与社会的合一。③中国人自我的边界不断地扩展以包括越来越多的他人，这是自我修养的结果。西方人的自我是个人取向的自我，强调个人的天分、潜能、需要和权利，强调个人奋斗，强调独立自主、与众不同的个性。西方人的自我不包括任何其他人（亲属、朋友等），西方人的自我是与社会的、自然的背景分离、对立的个体。总之，中国人传统的自我就是儒家传统的自我，强调人与人之间的联结与和谐，它类似于互倚的自我；中国人现代的自我就是西方人的自我，强调自我是独立自主的、自由的，因而强调人与人之间的分离，它就是独立的自我。陆洛和杨国枢（2008）还指出，随着台湾社会从传统农业社会向繁荣的工商业社会迈进，西方的价值观念随之而来并与中国传统的价值观念并存。虽然传统的中国文化价值（例如，孝和人与人之间的和谐）仍十分流行，但西方的价值观念，诸如尊重科学、强调独立、强调个人奋斗却迅速增加影响，这特别表现在受过高等教育的年轻人和城市居民身上。这样，在台湾社会就出现了中国人双文化的自我，即同一个人既有儒家传统的自我（成分），又有现代西方人的自我（成分）。

　　中国大陆1978年以来实行改革开放政策，1992年以市场经济取代计划经济，在经济全球化的有利形势下迅速崛起，目前在经济总量上已成为世界第二大国，仅次于美国。中国正在从传统农业社会向繁荣的工商业社会迈进。在这个过程中农民从农村来到城里打工，他们的身影遍布工厂、建筑工地、饭馆、城市居民家中（家政服务）。他们遇到的大多数人都是陌生人，这些陌生人是他们农村里熟悉的亲密关系网络之外的人，但他们必须越来越多地与他们打交道。在与陌生人打交道的过程中，农民工必须独立处理问题，自己做决定。因为在大多数情况下农村的父母、亲属帮不上忙。久而久之农民工培养出独立自主的精神，强调个人努力、个人奋斗是做事成功的关键。这样，作为农民，农民工保留着儒家的传统自我，强调孝敬父母，强调邻里和谐相处，更多地考虑他人、社会的期待；但同时农民工也开始强调自己的愿望、自己的权利。因为他们知道，自己的权利、自己的愿望是他们能够在一个竞争的社会里生存的基础。这也就是繁荣的工商业社会里独立自主的自我。

　　中国大陆经济三十多年来翻天覆地的变化带来了西方文化

的迅速传播与影响。受过高等教育的年轻人和城市居民比农民更多地接触到西方文化,更多地受到影响。因此,像台湾社会一样,中国大陆社会产生双文化自我也是自然而然的事情。

二、双文化自我的测量(中国台湾与中国大陆)

陆洛和杨国枢使用他们构造的量表,对台湾大学生和社区成年人共 839 人进行了双文化自我的测量(Lu & Yang, 2006)。

测量中"个人取向自我"(西方人的自我)包括四个项目:独立性(生活中最大的幸福就是实现自我,实现自己的兴趣与愿望);自我决定(在生活中我自己做重要的决定,不受他人影响);竞争(生活中非常重要的是在一切方面都要胜过他人);一致性(不论我同谁在一起我的行为举止是一样的)。"社会取向自我"(儒家传统的自我)也包括四个项目:情景自我(我认为一个人在不同场合有不同的面孔);人与人之间的关系(家庭是生活的基本单元,家庭放在最重要的位置);自我修养(我们应该专注于精神上的修养,而不是物质享受);社会敏感性(为了保持人与人之间的和谐，我将隐瞒我真实的想法和偏好）。

测量的结果表明，个人取向与社会取向的相关不显著。这说明两种取向的自我在中国台湾人身上是存在的，两者不是同一个东西，是可以清楚区分的；还有社会取向的自我明显强于个人取向的自我。

陆洛等人还比较了中国大陆与中国台湾的双文化自我，得到了有趣的结果（见表7.1）。

表 7.1 中国大陆与中国台湾双文化自我的比较

自我	类别	中国大陆	中国台湾	F
个人取向自我		82.58	79.97	*
	独立性	24.81	24.52	
	自我决定	19.99	18.90	*
	竞争	18.32	18.29	
	一致性	19.50	18.26	*
社会取向自我		89.16	89.55	
	情景自我	23.58	24.33	*
	人与人之间的关系	23.08	21.69	*
	自我修养	23.31	22.74	*
	社会敏感性	19.36	20.82	*

中国大陆有 364 名大学生（来自北京、上海和山东）和 178

名成年人参加。中国台湾有 884 名大学生和 374 名成人参加。表 7.1 的数字为每个项目的得分。F 代表统计检验。*表示两数比较有显著差别（显著差别的意思是两数的差别由某种原因造成，不是偶然因素造成的）。例如，在"个人取向自我"总分上，中国大陆学生的 82.58 显著高于中国台湾学生的 79.97。从表 7.1 得出的主要结论是：中国大陆个人取向自我强于中国台湾个人取向自我。这一点与有关研究是一致的，反映了中国大陆人急切实现现代化的心态。但是，中国大陆人与台湾人在社会取向自我方面无差别（89.16 与 89.55 在统计上无差别）。这可能反映中国大陆人与台湾人都受到悠久的中华文明的深刻影响。总之，中国大陆人与台湾人都具有双文化的自我。

三、双文化自我的测量（香港）

在第二讲"文化与自我"的"两种自我结构"部分，我们介绍了马库什和北山志关于文化与自我的基本观点，即西方文化下人们大多具有独立的自我结构，而东亚文化下人们大多具有互倚自我结构。跨文化心理学的研究表明，自我的发展就是一种文化适应过程，而语言作为文化的符号系统在其中起着关键的作用。

已有研究表明，双语的个体具有两种分离的自我结构。例如，在中国家庭出生但在加拿大长大的双语者作为被试参与的一项研究结果是这样的：当要求其中一些年轻人用中文描述自己，并且对一些反映中国文化价值的说法（如谦虚使人进步，骄傲使人失败）作评定时，与用英语描述自己的年轻人相比，他们使用更多的集体主义词汇而且更认同中国的文化价值（Wang et al. 2010）。

香港1997年回归中国，此前的100多年受英国的殖民统治。因此，香港是一个中西文化交汇的地方，是一个现代化与传统并存的地方。香港1997年回归中国之后，实行中央政府"一国两制"的政策，它仍然保持着与西方世界紧密的联系，英文与中文都是香港的官方语言，许多儿童从小就是一个双语者。香港儿童在家里、学校和社会一方面受到传统儒家教育，诸如尊敬父母、长辈，同时也接触到西方文化，诸如西方音乐、电影、玩具等。因此，许多香港儿童具有双语和双文化的特点。

王琪等人对香港双语儿童进行了双文化自我的研究（Wang et al. 2010）。一共有 125 名儿童参与，其中 8 岁的 33 名，10 岁的 32 名，12 岁的 28 名和 14 岁的 32 名。他们都是中国人，会熟练地说英语和汉语。实验前 125 名香港双语儿童被随机分配到中文组（用中文进行实验）或英文组（用英文进行实验）。

实验是这样进行的：首先，研究助手与单个小孩（没有父母或亲属在场）在安静的房间见面，研究助手对小孩说，"你和我一会来玩一个有趣的游戏。我会问你一些问题，你怎么回答都可以。回答不分对错。你准备好了吗？"接着进行下面几项测量：

（1）要求小孩详细描述过去的 4 件事：前不久一件特别的并且有趣的事；最近在学校与某小孩争吵的事；最近做得好的一次学校作业；最早的童年回忆。在叙述每一件事之后，研究助手都鼓励小孩，"还有没有要说的？"

（2）研究助手对小孩说，我想写一个关于你的故事，请你对自己进行描述。

（3）研究助手提出20对包含相反答案的问题，要求小孩必须选其中的一个答案。例如，"当你在班里考第一的时候，你会告诉班里小朋友还是自己保密？""当你做重要决定时，你征求父母意见还是自己做主？"20对问题的顺序对所有小孩都是一样的。这些问题测量小孩对不同文化价值认同的程度。

几项测量结果如下。

自我概念

中文组儿童平均有2.42个自我描述的句子，英文组儿童平均有4.60个自我描述的句子。经过统计检验，英文组的自我描述明显多于中文组。

把儿童自我描述的句子分成两类：个人的和社会的。个人的包括个人品质、态度、信念以及不与他人有关的行为。例如，"我是诚实的"，"我爱读书"。社会的包括个人的社会角色、人口统计的以及团体成员。例如，"我住在香港"，"我是一个学生"，还包括重要的他人、关系等。例如，"我有许多朋友"，"我姐姐正在上高中"。

将个人的描述得分与社会的描述得分之比作为自主自我的得分。英文组的自主自我得分为 1.81，即个人描述远多于社会描述。一个典型的自我描述如下："我喜欢打网球……噢，我喜欢跳舞；噢，我有一个双胞胎弟弟……我喜欢做家庭作业，我喜欢游泳……我喜欢，噢，我有一个运动员偶像，一个歌星偶像。"

中文组的自主自我得分为 0.78，即社会描述多于个人描述。一个典型的自我描述如下："写我的家庭吧；写我妈妈、爸爸、兄弟；我家住在九龙塘。"

自传记忆

对儿童回忆的 4 件事也按个人的／社会的比例计算，结果表明，英文组得分为 1.30，说明英文组小孩回忆出更多的个人事件；而中文组得分 0.97，说明中文组小孩对个人事件与社会事件的回忆数量差不多。

下面举两个典型的回忆：一个是中文组的；另一个是英文组的。

中文组：有一次，同班同学和我正在设计板报。有个同学想让我们使用他的设计，但其余同学都不喜欢他的想法，我们不知道怎么办就和他争论起来。我们全都大叫大闹起来，后来班主任来了。班主任也认为他的想法是错的。这样，我们又重新设计板报。这段回忆聚焦社会互动、团体活动以及他人的角色。

英文组：我常常与别人争辩，因为这是我的个性。我喜欢争辩。最近我赢了一场学校的科学竞赛，当我获奖时我告诉了我的一位朋友。但他就是不相信我会获奖，我有点生气，因为他一直是相信我的……后来我想他是有点自私和轻视我，于是我决定不理他几天。这段回忆特别重视小孩自己的作用、意见和看问题的角度。

上述关于香港双语儿童的实验表明，双语儿童能够顺应语言做出符合该语言背后文化关于自我的种种反应。在使用中文时，这表现在回忆自传记忆时，社会事件与个人事件数量相近，对自我作描述时，社会性的描述比个人品质的描述更多；相对而言，在使用英文时，双语儿童回忆自传记忆时个人的事件多于社会的事件，对自我描述时个人品质的描述远多于社会性的描述。

而上述的实验结果经过研究人员加工处理后，大致确认了主要的原因是语言背后的文化价值观而不是语言本身所致。

有关香港双文化自我的近况，伍锡洪等人在一系列研究项目中发现，大约有50%的大学生拥有中西双文化自我，他们在中国人自我和西方人自我的两个独立测量表上，均表现出超过中性的正向分数。其余的大学生，多数拥有单文化自我（强中国人自我/弱西方人自我，强西方人自我/弱中国人自我），但是也有少数人是零文化自我（弱中国人自我/弱西方人自我）。拥有双文化自我的大学生，在多项实验中都能够顺应中国或西方文化而做出该文化的自我行为和神经反应（伍锡洪、叶嘉雯、吴挺坚，2013）。

小　结

自我是文化的过程与产物，东西方不同的文化培育了不同的自我。中国台湾、香港、大陆社会经济发展程度不同，但都包含着传统的儒家文化与现代的西方文化，因此，海峡两岸的中国人都具有双文化的自我，即传统儒家的家庭自我（自我包括母亲等重要他人，与互倚自我类似）与西方文化的独立自我的混合体或综合体。这是中国人自我的一个重要特点。

陆洛和杨国枢（2008）对双文化自我存在的意义有一段很好的表述："对生活在中国台湾及其他亚洲社会的人们来说，以独立自我与互依自我共存与整合的态度，来处理不甘退让的传统文化与势在必行的现代文化间的冲突，很可能是最好的适应方式。这样一种折中自我，有着均等强势的独立与互依信念，对当代华人而言，正可同时表达人类基本的个人'独特性'与人际'关联性'的双重需求"（陆洛、杨国枢，2008）。

参考文献

陆洛．杨国枢．当代华人的传统与现代双文化自我：其现身、组成与变迁．杨国枢．陆洛．中国人的自我：心理学的分析．台北：台大出版中心，2008，279-322.

伍锡洪，叶嘉雯，吴挺坚．全球一体化和双文化对研究华人心理的启示．叶光辉．华人的心理与行为：全球化脉络下的研究反思，

2013, 79-106.

Lu L., Kao S.F., Chang T.T., Wu H.T. & Jin Z. The Individual-and Social-Oriented Chinese Bicultural Self: A Subcultural Analysis Contrasting Mainland Chinese and Taiwanese. Social Behavior and Personality, 2008, 36(3): 337-346.

Lu L. & Yang K-S. Emergence and Composition of The Traditional-Modern Bicultural Self of People in Contemporary Taiwanese societies. Asian Journal of Social Psychology, 2006, 9:167-175.

Markus H. R. & Kitayama S. Culture and The Self: Implications for Cognition Emotion and Motivation. Psychological Review, 1991, 98(2): 224-253.

Wang Q., Shao Y. & Li Y.J. My Way or MOM'S Way? The Bilingual and Bicultural Self in Hong Kong Chinese Children and Adolescents. Child Development, 2010, 81(2): 555-567.

第八讲

中国人自我的神经基础

科学家为什么要研究自我的神经基础？让我们从一个著名的病例说起。1848 年一个名叫樊尼斯·盖奇 (Phineas Gage) 的 25 岁美国铁路工人，干活时火药爆炸崩飞了钎子，这飞钎从他的左眼下边穿入，从额顶穿出，盖奇的额叶受到严重损伤（参见图 8.1），经过及时抢救、治疗，他奇迹般地治愈了，一个多月后又在铁路线上干活了。此后，人们发现，盖奇虽然获救了，但他的性格和脾气却完全改变了。在受伤以前，他是一位和善可爱的人，现在他变得粗暴无礼、固执，而且反复无常、优柔寡断。总之，他的性格变化使他变得好像是另一个人了。通过这个病例，他的医生假设，大脑是人格和理性行为的重要基础。

我们现在知道，额叶特别是内侧前额叶是社会认知包括自我的关键脑区。难怪盖奇的额叶受伤使他的性格发生了巨大的变化。

因此，除了自我的行为实验研究（如第五至第七讲）之外，研究自我的神经基础对进一步理解自我是十分必要的。但是，早年的科学家缺乏有效的技术手段，难以研究正常人的各种心理现象与脑结构的关系。最初的方法是，对活着的患者进行心

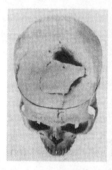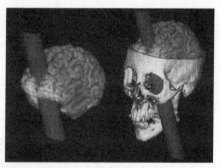

图8.1 盖奇受伤示意图 （左图为盖奇的大脑头骨；右图为计算机重构的钎子穿过盖奇大脑的情形）（引自：Canli et al.,2002）.

理现象的观察与测定，在患者死后确定其脑结构的异常之处，将受损的结构与心理现象进行关联。应用这种简单方法的一个杰出例子是，布洛卡（Broca）于1861年发现左额叶损伤导致语言障碍。上面叙述的1848年盖奇的例子，可以说是一个"自然实验"，

发现了额叶损伤导致性格异常。20世纪末，科学家开始在正常人身上使用脑认知成像技术研究各种心理现象的神经基础。这些脑认知成像技术对正常人的大脑没有伤害，而且能对相关脑组织进行精确定位。脑认知成像技术的粗略介绍可参见"序言"部分。

一、神经科学对自我的研究

克瑞克等人（Craik et al.1999）首次对自我的神经基础进行了研究。他们认为，情景记忆的加工在左半球，但情景记忆的提取在右半球，因此，自我定位在右半球，正是自我提取情景记忆。他们使用自我参照效应（self-reference effect）的实验范式对8个被试进行脑成像实验，设置了四种实验条件。（1）自我参照："勇敢的"适合描写你吗？（2）他人参照："可爱的"适合描写马尔罗尼（加拿大前总理）吗？（3）语义加工："守时的"是社会赞许的吗？（4）语音加工：这个人格形容词有多少个音节？要求被试对每个问题回答是或否。从呈现人格形容词到被试回答问题，对被试大脑进行扫描。被试回答完问题以后进行记忆测验。将被试正确认出来的人格形容词归类，看认出的形容词是属于自我参照、他人参照、语义加工还是语音加工。克瑞克等人发现，自我参照实验条件的记忆成绩最好；自我与大脑双侧内侧前额叶的激活关联。

后来，奇利等人（Kelley et al.2002）对自我的神经基础进行了深入研究。他们使用自我参照效应的实验范式对24个被试进行脑成像实验。实验条件有三种：自我参照、他人参照和字形判断（要求被试回答呈现的人格形容词是大写或小写）。实验结果表明，自我参照的记忆测验成绩显著高于他人参照和字形判断。脑成像数据显示，右侧内侧前额叶以及右侧后扣带回都与自我关联。

后来许多脑成像实验也都表明，自我定位在内侧前额叶和扣带回（Northoff et al.2006）。

二、中西方自我神经基础的比较

马库什和北山志（Markus & Kitayama，1991）提出了影响久

远的文化与自我的理论假说，即西方文化下大多数人具有独立
型的自我结构，强调自我与他人的分离；而东亚文化下大多数
人具有互倚型的自我结构，强调自我与他人的相互联系（见图
8.2）。

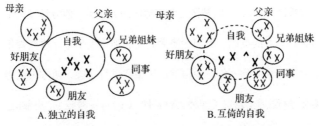

图8.2　西方文化的独立型自我与东亚文化的互倚型自我 （Markus & Kitayama, 1991）

　　基于上述的自我与内侧前额叶的高度相关（Northoff et
al.2006)以及 Markus & Kitayama（1991）的理论假说,朱滢等人(Zhu
et al. 2007）假定，中国人不仅思考自我时会激活内侧前额叶，
而且思考与自我非常亲近的人也会激活内侧前额叶。这样假定
的理由是，由于中国文化非常强调人与人之间的相互依赖关系，
非常亲近的人与自我不分彼此。

　　另一方面，由于西方文化强调人与人之间的分离，西方人
的自我是独立于任何人的（包括最亲近的母亲）。因此，虽然

西方人的自我能激活内侧前额叶，但是他的父母却不能像自我一样激活内侧前额叶。

朱滢等人进行了一项脑成像实验（采用自我参照效应范式进行）来检验他们的假设。实验中他们使用了中国被试 13 人与西方被试 13 人，中国被试是北京地区的大学生，西方被试是来到北京学习的英国、美国、澳大利亚和加拿大学生，这些青年学生来北京不到一年。中国被试用中文进行实验，西方被试用英文进行实验。设置了四种实验条件。（1）自我参照："勇敢的"适合描写你吗？（2）母亲参照："勤劳的"适合描写你母亲吗？（3）他人参照："可爱的"适合描写朱镕基吗？（西方被试用克林顿）（4）字形判断（要求被试回答呈现的人格形容词是大写或小写）。

脑认知成像结果发现，中国与西方被试的自我参照都激活了腹侧内侧前额叶，这与已有的发现是一致的（Northoff et al.2006）。具有重要意义的发现是，中国人的母亲参照也激活了腹侧内侧前额叶，但西方人的母亲参照没有激活腹侧内侧前额叶。换句话说，中国人的自我与母亲的神经表征是重叠的，同"住"

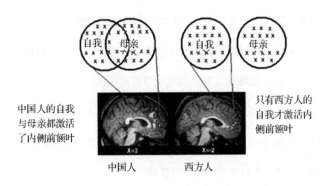

图8.3 朱滢等人脑认知成像结果示意图

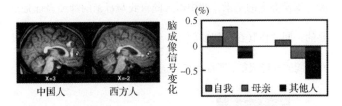

图8.4 东、西方自我神经基础的比较

在内侧前额叶，但西方人只有自我"住"在内侧前额叶（见图8.3）。

朱滢等人脑认知成像结果见图8.4，图的左边是中国人与西方人比较的脑区，图的右边表示：对中国人来说自我参照、母亲参照都激活了内侧前额叶，朱镕基参照使内侧前额叶受到抑制（黑色矩形在零线以下）；对西方人来说，只有自我参照激活内侧前额叶，母亲参照和克林顿参照使内侧前额叶受到抑制。

朱滢等人根据实验结果得出结论："强调人与人之间相互联系的中国文化导致发展出自我与亲密的他人（如母亲）的神经联合，而强调独立自我的西方文化造成了自我与他人（甚至非常亲近的母亲）的神经分离。"这样，中西文化的不同导致中国人与西方人自我的不同神经基础。

最近，王刚等人（Wang et al.2012）的脑成像研究重复与发展了朱滢等人的结果，即中国人的自我与母亲的神经表征是重叠的，同"住"在内侧前额叶；但是，父亲或好朋友与自我没有共同的神经表征，即自我与父亲或好朋友在大脑中是分离的。

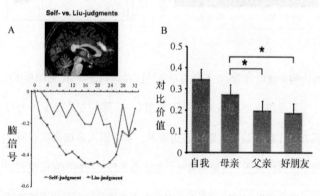

图8.5 王刚等人的脑成像结果

图8.5右边的柱状图显示，自我参照与母亲参照在激活内侧前额叶上没有差别；母亲参照与父亲参照、母亲参照与好朋友参照在激活内侧前额叶上有显著差别（见星号）。中国人的自我与父亲为什么没有共同的神经表征？儒家文化将父子关系看作最为重要的人际关系，要求尽力使之和谐；但是，在实际生活中，父子关系往往并不亲密，而是疏远。中国有"严父慈母"的说法，子女在成长过程中受到母亲的百般呵护，而父亲总是扮演严厉的权威角色，很少与子女沟通交流，导致子女与父亲感情疏远。

上述朱滢、王刚等人关于中国人自我神经基础的研究说明，中国人的互倚型自我，即中国人相互依赖的程度已深入脑髓。具体说来，这种人与人的相互依赖有重要特点，即与有血缘关系的人（如母亲）相互依赖已深入脑髓；与好朋友的相互依赖未深入脑髓，与父亲的相互依赖也未深入脑髓。

中国人与有血缘关系的人相互依赖已深入脑髓的神经科学事实具有重要意义。第三讲我们说道，《礼记》把父母看作中国人最重要的人际关系；人类学家费孝通的"差序格局"思想把具有血缘关系的人看作中国人最亲密的人际关系；社会心理学家杨宜音关于中国人自己人／外人的划分中，也把具有亲缘关系的人当作最亲密的人。上述神经科学的事实与《礼记》、"差序格局"和"自己人／外人"的说法是非常一致的。因此上述神经科学的事实是对中国人具有互倚型自我的极好证明。同时，它也确实表明，中国文化（"血浓于水"的文化）对中国人的大脑功能有深刻的影响，这为文化神经科学提供了新的强有力的证明。

三、文化启动对中国人自我神经基础的影响

文化对自我结构有重要的影响，这突出表现为在西方文化强调人与人分离的情况下产生与发展起来的独立型自我结构，以及在东亚文化强调人与人的联系、关系的情况下产生与发展起来的互倚型自我结构（Markus & Kitayama, 1991; 2010）。如果自我结构是在文化的影响下形成的，是一种习得的认知结构，那么，既受西方文化影响又受东方文化影响的个体，可能同时具有独立型自我结构与互倚型自我结构。而且，使用文化启动

的方法我们还可以单独启动独立型自我或者互倚型自我。研究表明，这样的设想是正确的。

香港人既是在中国文化的环境中生活的，也浸透着西方文化，因此，香港人同时具有独立型的自我与互倚型的自我。利用香港人这一特点，伍锡洪等人（Ng et al.2010）进行了一项文化启动下自我结构转换的脑成像研究。前面我们介绍过朱滢等人关于中国人自我神经基础的一项研究。他们发现，中国人思考自我或母亲时都激活了腹侧内侧前额叶，但是西方人思考自我激活了腹侧内侧前额叶，思考母亲并不激活腹侧内侧前额叶。伍锡洪等人应用自我参照效应范式进行脑成像实验，研究文化启动对具有双文化背景的香港学生自我神经基础的影响，探讨在同一类被试身上（都是香港人）能否得到类似于朱滢等人分别在中国人与西方人身上得到的结果。

脑成像结果发现，在西方文化启动下与不认同的人参照比较，自我参照激活了腹侧内侧前额叶。更重要的是，与母亲参照比较，自我参照也启动了内侧前额叶，换句话说，母亲参照没有激活腹侧内侧前额叶。这说明在西方文化启动下香港人的自我与母亲的神经基础是分离的，即自我"住"在内侧前额叶，但母亲没有"住"在内侧前额叶，这与朱滢等人研究西方人的结果是一致的，即西方文化启动下香港人的脑成像结果类似于西方人的结果。

另一方面，在中国文化启动下与母亲参照比较，自我参照并不激活腹侧内侧前额叶，这表示母亲参照激活了腹侧内侧前额叶，这与朱滢等人研究中国人的结果也是一致的，即在中国文化启动条件下自我与母亲同"住"在腹侧内侧前额叶（见图8.6）。

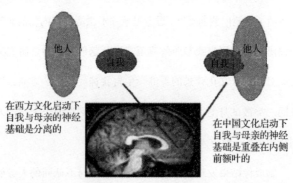

图8.6　伍锡洪等人的在文化启动下香港被试脑成像结果示意图

在第七讲我们说过，中国人（包括台湾人、香港人和澳门人）为适应今天经济全球化、文化多元化的时代，发展出双文化的自我，即在集体主义文化下发展出互倚型的自我，而在个人主义文化下发展出独立型的自我，以便更好地在不同国家、地区或文化下生存发展。伍锡洪等人的脑成像结果表明，这种双文化的自我已深入脑髓。因此，伍锡洪等人关于双文化自我神经基础的研究，是对中国人具有双文化自我的极好证明。同时，该研究也表明，各种文化对大脑都有深刻的影响，这为文化神经科学提供了新的强有力的证明。

第六讲我们说到，中国人的自我是辩证的自我，即中国人能够容忍矛盾，认为 A 与非 A 可以存在于同一事物中。那么，当我们进行辩证思维时，它的神经基础在哪里呢？王非等人的一项脑成像研究试图回答这一问题（Wang et al.2016）。已有的知识表明，自我的信息加工（例如，决定人格形容词"友善的"是不是适合描写自己）与内侧前额叶和前扣带回密切相关（Zhu et al.2007）；另外，监控矛盾的信息加工（例如，尽快说出用红墨水写的"绿"字，这时，"绿"的字义与它的颜色有矛盾）与前扣带回的背侧部分密切相关（Posner et al.1998）。根据这两方面的知识，王非等人设想，既然思考自我和对矛盾事物的信息加工都与前扣带回，特别是它的背侧部分密切相关，那么前扣带回的背侧部分就是自我辩证思维的神经基础。

他们进行了一项脑成像实验来证明这一设想。27名中国大学生参加了该实验。实验有两个条件，①自我条件：要求被试对呈现的矛盾形容词（聪明的—愚蠢的）或不矛盾的形容词（愚蠢的—不值得信任的）是否适合描绘自己做出按键判断，与此同时，核磁共振机器对被试大脑进行扫描。②他人条件：要求被试对呈现的矛盾形容词（聪明的—愚蠢的）或不矛盾的形容词（愚蠢的—不值得信任的）是否适合描绘胡锦涛（时任国家主席作为公众人物）做出按键判断，与此同时，核磁共振机器对被试大脑进行扫描。当把条件①与条件②中的大脑激活进行比较即矛盾形容词部分（自我减他人）减去不矛盾的形容词部分（自我减他人），结果是：前扣带回背侧部分有显著激活，换句话说，当被试进行与自我相关的辩证思考时（我既是聪明的也是愚蠢的），前扣带回背侧部分就激活了，两者有显著正相关［见图8.7（a）］。被试前扣带回激活程度与被试自我辩证思考的程度，对所有或大部分矛盾形容词说都适合描绘自我

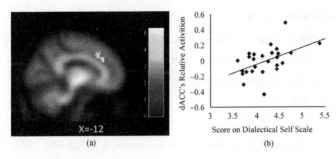

图8.7 自我辩证思考与前扣带回相关

的，属于高程度的自我辩证思考，对一部分矛盾形容词说适合

描绘自己的，属低程度的自我辩证思考[相关情形见图8.7(b)]。

王非等人的研究首次为中国人自我的辩证思维提供了神经

科学的基础，即前扣带回脑区支持中国人关于自我的辩证思考。

参考文献

Canli T. & Amin Z. Neuroimaging of Emotion and Personality: Scientific Evidence and Ethical Considerations Brain and Cognition, 2002, 50: 414-431.

Craik F.I.M., Moroz T.M., Moscovitch M., Stuss D.T., Winocur G., Tulving E. & Kapur S. In Search of The Self: A Positron Emission Tomography Study. Psychological Science, 1999, 10: 26-34.

Kelley W.M., Macrae C.N., Wyland C.L., Caglar S., Inati S.,

Heatherton T.F. Finding The Self? An Event-Related fMRI Study. Journal of Cognitive Neuroscience, 2002, 14(5):785-794.

Markus H.R. & Kitayam S. Culture and The Self: Implications for Cognition Emotion and Motivation. Psychological Review, 1991, 98(2): 224-253.

Markus H.R. & Kitayama S. Cultures and Selves: A Cycle of Mutual Constitution. Perspective on Psychological Science, 2010, 5(4): 420-430.

Ng S.H., Han S., Mao L. & Lai J.C.L. Dynamic Bicultural Brains: fMRI Study of their Flexible Neural Representation of Self and Significant Others in Response to Culture Primes. Asian Journal of Social Psychology, 2010, 13(2): 83-91.

Northoff G., DeGreck M., Bermpohl F, et al. Self-Referential Processing in Our Brain — A Meta-analysis of Imaging Studies on The Self. Neuroimage, 2006, 31 (1): 440-457.

Wang G., Mao L., Ma Y., Yang, X., Cao J., Liu X. et al. Neural Representations of Close Others in Collectivistic Brains. Social Cognitive and Affective Neuroscience, 2012, 7(2):222-229.

Fei Wang, Kaiping Peng, Yang Bai et al. The dorsal anterior cingulated cortex modulates dialectical self-thinking. Frontiers in Psychology, 2016,vol 7,Article 152.

Zhu Y., Zhang L., Fan F. & Han S. Neural Basis of Cultural Influence on Self-Representation. Neuroimage, 2007, 34: 1310-1317.

第九讲

中国青少年自我的发展

为了理解我国青少年自我的发展，我们要介绍艾瑞克·埃里克森（Erik Erikson, 1902—1994）关于青少年自我同一性危机的论述。那么，什么是自我同一性呢？

十年前我在南京虽然经历了许多变化，但与现在在北京的我仍然是同一个人，为什么可以这样认为？关于我的什么样的事实使得现在的我与十年前在南京的那个我是同一个人？这就是哲学家提出来的自我同一性（self identity）问题。从历史上来看关于同一性的著名难题莫过于"提修斯的船"了（Ship of Theseus）。一艘木船逐步建造而成，船员驾驶它在地中海航行，但经过不断修理，它的木板被逐一更换，直到最后原船的木板全部更换完毕。那么，现在它还是同一条船吗？如果有一个人收集了所有丢弃的木板，并用它们建造成另一条船，这条船包含有最初下水的船所有的木板而且仅仅是它原来的木板，这样，这条船的木板与最初下水的船是一模一样的。那么，哪一条船是我们最初着手建造的呢？是那条继续航行但木板已全部被更换的船，还是用扔掉的木板建造的船呢？

一个人由儿童发育成长为青少年，其经历与"提修斯的船"类似，只不过青少年的变化更为复杂罢了。

一个人由儿童发育成长为青少年，每天都有许许多多的细胞在死亡，每天也都有许许多多的细胞在诞生，这使得青少年的生理发生了变化，身高、体重等外形的巨大变化，特别是男女性生理接近成熟(如女生开始月经)，并影响到心理的变化。"少年维特的烦恼"出现了，青少年在认知功能方面也有很大变化，他们现在能够进行形式运算思维，即能够思考假设的事件和情景。例如，在解决一个问题时，青少年可能会问，"我如果做了 x 会有什么后果？"这样，认知的发展已经使他们能够想到他人对事件的看法可能与自己不同，从而接受别人的劝告，使个体摆脱自我中心。青少年现在面临社会期望的转变，有些人开始承担养家的重担，更多人背负着父母沉重的期望（所谓望子成龙）。青少年开始有了自己的知心朋友，这些朋友将会影响他们的一生。社会的潮流对他们有巨大的影响，这不仅仅表现在追求时尚的打扮和追星，还包括接受各种政治思潮，出现过激行为。总之，青少年经历上述种种变化，由于情景的不同，时间的变化，扮演着不同的角色。他们面临巨大的压力，不时经历心理上的挫败感或者不知所措，不能清楚地意识到自己是谁，就像"提修斯的船"一样，不知道哪条船才是最初建造的船。

埃里克森针对上述情形提出，青少年面临自我同一性的危机。通俗地说，自我同一性的危机也就是"身份危机"。例如，小莉原来是妈妈的"乖乖女"，但到了15~16岁时变得叛逆起来，成了"狗不理"，妈妈问关于她的任何问题（今天考试怎么样，放学以后上谁家玩了），她都说："不知道！"妈妈（第三人称）有点吃惊，现在她还是原来那个小莉吗？小莉自己（第一人称）有时也感到迷茫，我怎么会变成现在这个样子呢？埃里克森认为，青少年必须决定他们是谁，以及他们想要成为什么样的人。

他们要在青春期前的自我和现在的自我之间寻找连接点，把他们关于自己（包括新的社会角色和责任）的各种想法结合到统一的自我概念中去，摆脱烦恼、冲动和混乱，形成稳定的和统一的自我概念，培养出对自我的一致感。

下面，我们分三个方面叙述我国青少年自我的发展。

一、自我概念的发展

一般认为，青少年对自己的看法（自我概念）是由具体的和客观的（我是学生）发展到抽象的和主观的（内心的）（我喜欢想象）。陆淑萍（Lu Shu-ping，1990）用 20 个陈述测验的方法研究了中国青少年自我概念的发展。

20 个陈述测验是这样的：就是在最快的时间里写完 20 个句子，每个句子都以"我是……"开头。

（1）我是＿＿＿＿＿＿＿＿＿＿＿＿＿＿＿＿＿＿＿＿。

（2）我是＿＿＿＿＿＿＿＿＿＿＿＿＿＿＿＿＿＿＿＿。

（3）我是＿＿＿＿＿＿＿＿＿＿＿＿＿＿＿＿＿＿＿＿。

（4）我是_____。

（5）我是_____。

……

……

（18）我是_____。

（19）我是_____。

（20）我是_____。

然后将这20个句子的内容归类，可以看出一个人是怎样定义自我的。研究对象是北京地区的小学生、中学生和大学生，年龄（平均）分别是：9.8、11.8、13.7、15.4、17.2和20.0岁。男女学生共为509人。20个陈述测验是在整个班级进行的。把所有学生的陈述测验的内容归为20类：性别、年龄、姓名、种族或民族、亲戚角色（我是爸爸妈妈的儿子）、学生角色（我是三年级学生）、社团成员资格（我是少先队员）、所做的事情（我爱旅游）、生理自我及身体形象（我是高个子）、个性（我好想象）、意识形态和信仰（我相信每一个人都应该平等相待）、智力（我是聪明的）、道德价值（我讨厌不诚实的人）、人际关系（我不同别人竞争）、兴趣爱好（我爱阅读）、心灵（我富有同情心），等等。

在 10~20 岁，儿童和青少年的自我概念呈现出三大类的发展转变：第一类的转变是随着年龄的增长，自我概念越发趋向个性化（我自己、我本人），包含越来越多意识形态和信念性的东西（我信××、我不信××），更强调人际风格（我是友善的、我是害羞的）和个人的心理状态或感受（快乐、沉着）。第二类的转变是反方向的，随着年龄的增长，自我概念越来越少提及自己的姓名或与自己互动的组别。第三类的转变较为复杂，高峰期发生在 14~16 岁而不是之前或之后。这些金字塔曲线型的转变包括民族/国家传统和道德感，这些自我观在 14 岁前不算强烈，在 16 岁后则下降恢复到 14 岁前的水平。与金字塔曲线型相反的"V"型转变，职业角色在 14~16 岁的自我概念中较 14 岁前或 16 岁后为弱。

12~14 岁是自我概念发展中的具体－抽象期。大多数 12 岁以下的儿童把自己看成客观的存在。虽然大于 14 岁的青少年也视自己为客观的存在，但他们开始从内心、主观的角度看待自己。他们发现了自身抽象、内在的特征。陆淑萍曾访谈 40 位大学二年级学生，当问到他们什么时候开始审视自己内在的特征时，半数以上学生说，大约是 14 岁的时候。一个女孩说，"我 14 岁开始记日记，我想记下我怎样成长。还有，我觉得我有一些秘密要与人分享。这样，我将秘密告诉日记。因此，我开始反省自我。"

下面举几个实例说明不同年龄的青少年是怎样描绘自己的。

一个小学四年级 10 岁的男孩对自己的描绘：我的名字是××。我住在南区。我是天津人。我是男孩。我 10 岁。我不是小组长。我喜欢玩弹珠。我是学生。我在四年级学习。我是第 5 组的。我是我父母的儿子。我在 1996 年出生。我是少先队员。我住在北京。在班级里我不活跃。我喜欢 PE。我瘦。我在小学学习。我爱看电视。我喜欢在外面玩。这是一个对自我作具体描绘的典型。

一个初中二年级 14 岁的女孩对自己的描绘：我的名字是××。我是少先队员。我是中国人。我是初中生。我是小组长。我是女孩。我是我父母的女儿。我是北京人。我喜欢玩。我喜欢交朋友。我很有同情心。我有点雄心。我不够细心。我缺乏毅力。我喜欢艺术活动。我喜欢思考。我有我自己的主张。我不愿帮助别人。我是一个好人。我爱我的爸爸妈妈。这些描绘显示她开始关注自己的心灵和人际关系。

一个20岁女大学生对自己的描绘：我是我自己。我是大学生。我研究文学。我现在大二了。我有我自己的人格。我是一个诚实的人。我对社会活动不感兴趣。我讨厌不诚实。我不喜欢形式主义。我认为自己是重要的。我富有同情心。我相信每个人都应该平等相待。我遵守诺言。我诚实待人。我喜欢安静的地方。我有很多爱好。我喜欢旅游。我喜欢想象。我不同别人竞争。我喜欢阅读。这些描绘显示她强调人际风格和情绪特征。

那么，青少年自我概念由具体、外在的描绘发展到抽象、内心的描绘是由什么引起的呢？

乍一看，小学生（9~12岁）成为中学生（14~15岁）是学校环境发生了变化，中学生面对新的老师、新的同学和新的校园，从而有了新的视角来审视自己，这导致他们对自己的描绘发生变化。但更仔细地考察发现，是中学生认知能力的发展而不是学校环境的变化导致了他们自我描绘的变化。陆淑萍在她的另一项研究中，比较了 90 名在中学学习的 15 岁学生与 26 名在大学学习的 15 岁学生（他们跳级三年）。结果发现，在大学学习的 15 岁学生比中学学习的同年龄学生对自己的描绘更为抽象。这些跳级上大学的学生来到大学只有两个月，因此难以相信是大学环境造成了他们描绘自己的变化，但他们的确比同年龄的学生要更聪明些。因此，是跳级学生的智力发展而不是学校环境引起他们自我描绘的变化。这项研究支持了米德（Mead）的理论——自我的本质是认知的（乔纳森·布朗，2004）。

二、互倚型自我的发展

第三讲讨论了中国人的传统自我是互倚型的自我，由于父母和朋友在青少年生活中具有极为重要的地位，青少年互倚型自我主要指，把青少年与父母的关系和朋友的关系作为互倚型自我的两个主要内容。在一项中美青少年父母导向和朋友导向的互倚型自我对比研究中（Wang et al. 2007），我们可以看到中美青少年互倚型自我发展的差异。研究对象是美国芝加哥的中学生 374 人，七年级开始时（美国学制）12.78 岁（平均）。中国北京中学生 451 人，初中一年级时 12.69 岁（平均）。一共进行四次测验，测验时间是初一秋季、初一春季、初二秋季、初二春季。有关互倚型自我那一部分的研究，研究者从两个角度测试学生。第一个是用量表的方法，使学生在已定的问题上表示是否同意的程度（Pomerantz et al. 2009）。第二个是让学生自由描述自己（Setoh et al. 2015, 研究 1）。两者的结果不尽相同，但是大致显示出中国学生的互倚型自我较美国学生的互倚型自我为重。

Pomerantz 让中美中学生对"父母导向的互倚型自我结构量表"中的叙述是否适合自己作出判断。例如，"当我想到我自己时，通常我也会想到我的父母"，如果中学生认为这句话很符合自己的情况，就给 5 分。如果一点也不符合自己的情况，就给 1 分。其余符合的情况用 2、3、4 分来表达。量表中一共有 16 条叙述，例如，"我常常把父母看作我的一部分"，"我父母是怎样的人同我是怎样的人无关"，"要知道一个真实的我，知道我与父母的关系是有帮助的", "如果一个人伤害我父母, 我也会感到被伤害", "如果我同父母关系不好, 我会对自己感到沮丧", "当我思考我是谁时, 我思考我同父母的关系", 等等。一共进行四次测验, 让中学生对叙述作出判断, 测验时间是初一秋季、初一春季、初二秋季、初二春季。此外, 研究者还制成了一个"朋友导向的互倚型自我结构量表", 这个量表将上述量表中的"父母"改成"朋友", 其余的不变。

有关父母导向的互倚型自我结构的研究结果见图 9.1。图的横坐标注明了量表测验的时间, 纵坐标上的数字代表中学生认同量表中叙述的程度。从图上看到, 中学生给出的分数都在 3.4~3.6。前面我们说过, 1 分表示叙述完全不符合自己, 5 分表示叙述完全符合自己。因此, 总体而言, 中美中学生都认为与父母的关系在定义自我, 或者说, 在描绘自己是一个什么样的人时是十分重要的。但具体说来, 中美中学生也有差别。①美国中学生在七年级秋季(相当于我国初一秋季)开学定义自我时, 考虑与父母关系较多 (3.6 分), 七年级春季、八年级秋季、八年级春季在定义自我时, 逐渐减少了与父母关系这一部分内容

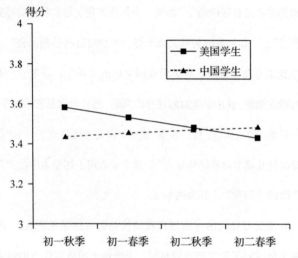

图 9.1 中美中学生的自我结构与父母关系

（得分下降到接近 3.4 分），3.6 分与 3.4 分差别显著。另有研究

表明，这个时期的美国中学生看待父母不那么正面、积极，常与

父母争吵，与父母一起玩的时间也少了。因此，美国中学生在图 9.1

中得分下降，反映了美国中学生企求"脱离"父母，而出现个体

化、个性化的倾向。②与美国中学生不同，中国学生在四次测验

中得分在 3.4（初一秋季）与 3.5（初二春季）之间，没有显著变化。

换句话说，中国中学生在定义自我时，始终保持着与父母关系的

内容。在中国，人们继续强调孝道，儿童进入青少年期并不必然

增加与父母的矛盾，因为父母的权威比美国父母大。中国儿童仍旧比美国儿童花更多时间与父母在一起。因此，中国中学生从父母那里个体化的状况可能不如美国中学生。

有关朋友导向的互倚型自我结构的研究结果和图 9.1 相近。那么由朋友导向和父母导向结合起来的互倚型自我结构将会是怎样的？结果是，之前美国学生在四次测验中得分有显著变化，但是中国学生在四次测验中得分没有显著变化，而且中美学生在初一秋季的差别并不显著。整体来说，中国中学生的互倚型自我结构两年来始终保持着与父母关系的内容。

Setoh 等（2015，研究 1）将学生们的自我描述分为三部分，第一部分是社会性的个人描述（我是一个活泼开朗的女孩，我脾气不好等）。在这部分，中国学生得分显著低于美国学生，随后继续下降，一年半后才轻微回升。美国学生则没有这个曲线形的转变，而是直线上升（见图 9.2）。

与此相反是第二部分有关非社会性的个人描述（我的理想是当一名科学家，我爱玩电脑等），中国学生得分显著高于美国学生，随后继续直线上升，美国学生则直线下降。在这两年的研

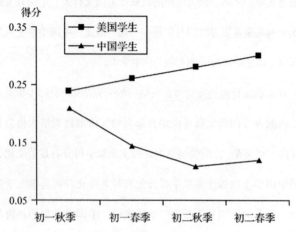

图 9.2 中美中学生使用社会个人特征描绘自己随年龄的变化

究期间，两国的学生在第三部分的自我描述却没有显著转变，这就是有关人伦和群体归属的个人描述（我很爱我的父母，我是中国人，我是××学校的学生等）。在这个反映出互倚型自我的概念上，中国学生得分显著高于美国学生，两者都没有随着年龄增长而转变。

在一项较新的中美初一学生个人描述的比较研究中（Setoh，2015，研究2），研究人员追踪了他们从初一秋季至初二秋季的转变。结果发现，有关人伦和群体归属的个人描述（互倚型的自我概念），从初一开始至初二，中国济南市的初一学生（191人，平均12.62岁）都显著高于美国中西部一座小城市的中学生（203人，平均12.76岁）。这项研究结果与之前的研究1的结果是一致的（Setoh，2015，研究1）。

三、孝的自我的发展

中国人的自我就是孝的自我，即以孝顺父母作为自己想问题、办事情的标准。第四讲说的"中国人是他父母的儿子而不是他自己"，就是孝的自我的极端形式。

当前我国青少年孝的自我的一般情形是怎样的呢？我们首先介绍 Zhang 和 Fuligni 的研究（Zhang & Fuligni，2006）。他们的研究对象是山东省济南市以及附近农村的高中生700名（高一学生平均年龄16.6岁，高三学生平均年龄18.9岁）。研究人员首先将孝道分为三部分：第一部分是学生们现在对家庭的协助（做家务，协助照顾祖父母，花时间与家人在一起，等等）；第二部分是他们现在对父母和祖父母的尊敬（尊敬他们，顺从父母对他们结交朋友和选择大学主修科的意愿等）；第三部分是他们未来对家庭的支持（供养父母，与他们同住直至成婚，当他们老迈时会接他们来同住等）。研究结果显示：① 城市的男生比城市的女生和乡镇的男女生在三个部分都表现较差，反映出男性和城市环境这两个因素相加起来会减弱青少年对孝道和家庭关系的传承。②研究人员还发现这两个因素也影响着青少年其他的家庭关系。城市的男生较城市女生和乡镇的男女生期望更早会有自主的空间（例如，自己做主决定看多长时间的电视，选择自己喜欢的发型，选择自己想买的衣服，等等），较少和父亲倾谈，与母亲的关系较疏远。以上是性别之间和城乡之间的差别。③城乡男女学生在孝道和家庭关系三个部分上的比较。总体而言，城乡学生在孝道和家庭关系第三部分的表现较第一部分为高，显示出他们对自己在长大成人后对父母的孝敬远超过他们现时的表现。他们在第二部分的表现与在第三部分的表现同样高，显示出他们对长辈的尊敬和顺从，与他们对自己在长大成人后对父母的孝敬是同样坚定的。这说明，现时我国青少年仍然愿意践行传统的孝道。

另有研究（张文新等，2006）表明，我国男女青少年对与母亲发生分歧的接受性显著高于对与父亲发生分歧的接受性。换句话说，男女青少年与母亲的亲合关系比与父亲的亲合关系更深，因此遇有与母亲的分歧更易解决。这是根据对城乡704名高一和高三学生调查后得出的结论。

下面介绍的一项研究说明了我国青少年孝的自我的发展（张坤等，2004）。研究对象是山东济南市以及附近农村的初三、高一、高二、高三年级的城乡男女中学生共885名。对他们进行传统孝道态度的问卷调查。问卷调查的内容包括四个部分，每一部分包括数量不等的句子，请中学生回答每个句子，完全赞同的给5分，完全不赞同的给1分，不同程度的赞同给2、3、4分，以下是调查的四个部分及其例句。

（1）敬爱祭念：

子女不应做危险的事，主要是避免父母担忧。

无论父母为人如何，子女都要尊敬他们。

如果妻子和母亲发生争执，丈夫应该劝导妻子听从母亲。

做子女的，无论如何都要服从父母。

（2）抑己顺亲：

子女选择结婚对象不必听从"父母之命"。

做父母的，不应干涉子女选择职业的自由。

（3）荣亲留后：

"养儿防老"不应是生儿育女的主要目的。

传宗接代并不是结婚的主要目的。

（4）随侍奉养：

如果有理由的话，可委托养老院供养年老的父母。

为了尽孝，任何牺牲都是值得的。

以下两项结果说明我国青少年孝的自我的发展变化。

第一，传统孝道态度的代际差异。

在问卷调查中，不仅让中学生回答自己对各项行孝做法的赞同程度，也让中学生估计他们父母对各种行孝做法的态度。这部分结果是，在问卷总分以及荣亲留后、抑己顺亲、敬爱祭念三方面，青少年的赞同程度显著低于其父母。举例来说，当父母认为，"养儿防老"是理所当然的，但现在的青少年不这么认为；当父母认为，做子女的无论如何都要服从父母，但现在的青少年不这么认为；当父母认为，子女选择结婚对象要听从"父母之命"，但现在的青少年不这么认为；等等。

第二，传统孝道的年龄差异。

在问卷总分以及荣亲留后、抑己顺亲两方面，初三学生对传统孝道的赞同程度显著高于三个年级的高中生。举例来说，初三学生赞同"扬名声，显父母"是努力求上进的最主要原因，但高中生不这么认为；初三学生赞同"子女有事一定要请教父母，不可自作主张"，但高中生不这么认为；等等。

另外，有研究表明：①高中三年级学生与父母的冲突次数和强度显著少于并低于高一学生，这是因为高三和高一学生分别处于青少年晚期和中期，与青少年中期相比，处于青少年晚期的个体的观点采择与自控能力都更为成熟，因此更能冷静、客观地处理亲子之间的矛盾，减少和避免冲突的发生。②高三学生与母亲的亲合程度显著高于高一学生，但与父亲亲合程度无显著年级变化，这表明由于父母家庭角色和权威的不同，青少年与母亲和父亲的关系表现出不同的变化特征。从高一到高三，母子间主要表现为冲突减少，亲密程度增加，而父子间主

要表现为渐渐相安无事。这是根据对城乡 704 名高一（平均
15.77 岁）和高三（平均 17.86 岁）学生调查后得出的结论（张
文新等，2006）。

参考文献

张坤，张文新 . 青少年对传统孝道的态度研究 . 心理科学，2004
（6）：1317-1321.

张文新，王美萍 .Fuligni. 青少年自主期望，对父母权威的态度与
亲子冲突和亲合 . 心理学报，2006（6）:868-876.

［美］乔纳森•布朗 . 自我 . 陈浩莺，等译 . 北京：人民邮电出版社，
2004：76.

Lu Shu-ping. The Development of Self-Conceptions from
Childhood to Adolescence in China. Child Study Journal,1990, 20(2):
129-137.

Pomerantz E.M., Qin L., Wang Q. & Chen H. American and Chinese
Early Adolescents' Inclusion of Their Relationships with their
Parents in their Self-Construals. Child Development, 2009, 80(3):
792-807.

Setoh P., Qin L., Zhang X. & Pomerantz E.M. The Social Self in Early Adolescence: Two Longitudinal Investigations in the United States and China. Developmental Psychology, 2015, 51(7): 949-961.

Zhang W. & Fuligni A. Authority, Autonomy and Family Relationships Among Adolescents in Urban and Rural China. Journal of Research On Adolescence, 2006, 16(4): 527-537.

附 录

哲学家张世英谈自我 [1]

什么是自我？中国传统思想基本不讨论这个问题。西方哲学家则多有对这个问题的思考或明确回答。当代美国哲学家 J. R. Searle 对这个问题的论述特别引起我的兴趣，他在其著作《心智》（*Mind*）的"自我"（The Self）一章中，从分析笛卡儿的"我思故我在"和休谟否认自我的经验的怀疑论出发，提出了他自己关于自我的观点。他既否认笛卡儿建立在二元论基础上、作为独立的精神实体的自我，又不同意休谟建立在经验论、怀

1　张世英（1921-），北京大学哲学系教授。长期从事西方哲学的研究，对德国古典哲学、中西哲学比较有专深研究，是研究康德哲学和黑格尔哲学的权威学者。本文摘自张世英的《西方美学思想与自我》，原载《北京大学学报（哲学社会科学版）》，2008 年第 45 卷第 2 期，12-26 页，经作者允许引用。

疑论基础上的那种怀疑自我的观点。他针对休谟的观点说："除
了我们的身体和我们一连串的经验之外"，"我们绝对地必须
设定一个自我"。[1]他认为任何一个自我在做出某种行为时，
虽然总是出于某种原因，总是有某种因果关系参与其间，但自
我的行为又是自由的，自我的某种行为最终是出自我自己的选
择。自我行为的自由特征，是不能完全用因果关系来解释的，
自由行为不同于因果关系。这自由行为靠什么来解释呢？"我
相信，答案就是，我们必须假设，除休谟所描绘的'一捆知觉'
而外，还有某种形式上的约束，约束着做出决定和付诸行动的
存在(entity)，我们必须假设一个理性的自我或行动者(agent)，
它能自由地动作，能对行为负责。它是自由行动、解释、责任
和给予动机的理由等概念的复合体（complex）……"[2]Searle 在
这段话里所说的"约束"是指"理性的约束"（the constraints
of rationality），即自我"在理性的约束下确认和考虑行动的
理由"[3]。Searle 认为，在"自我"这个"entity"的诸因素（有
意识、知觉、理性、付诸行动的能力，以及组织知觉和推理的
能力，从而在自由的前提下完成自愿的行动[4]）中，"最重要

的"是"遵照理由而行动"（acting on reasons），"其所以重要，是因为遵照一种理由而行动的观念不同于某事物与另一事物发生因果关系的观念"。"遵照行动"（acting on）的观念，"预设了自由意志的空隙"[5]。这就是说，有所遵循（遵照）、有所考虑的行动，以有自由意志为前提；因果关系的锁链密密实实，无自由意志的空隙。例如，我一想到投布什一票，我就肚子疼，这中间完全是因果关系，没有自由意志的"空隙"。但由于我想投布什一票，便在选票上打"×"的情况下，这中间就有自由意志的"空隙"：这是一个有所遵循、有所考虑的行动，我可以为了这个理由而在选票上打"×"，但也可以为了另一个理由而决定不投布什的票，不在选票上打"×"。打"×"不打"×"都是自我的自由行动。[6] Searle 说："当我们做出人的自愿的动作时，我们典型地是基于理由（reasons）而行动的，而这些理由在解释我们的行为时，以原因的方式（causally）而起作用，但用理由解释人的行为，这种逻辑形式根本不同于因果关系的标准形式。"[7] 因果关系中无自由意志可言，就像在一定条件下"一旦发生地震，高速公路就一定坍塌"。自我的自愿行动包括"自由意志""目的或动机的明确"和"意向性因果的作用"三个特点，此三者都可以概括和归纳在"一个更大的现象——理性"（rationality）之下。[8]

我国当代心理学家、北京大学心理学教授朱滢在其新著《文化与自我》一书中，开宗明义就专章讲述了 Searle 的自我观。他对 Searle 所述的"自我"作了这样的概括："Searle 认为，自我是一个形式上的概念，它从逻辑上说明一个人的行为、思想是由他的自我决定、支配的，强调个体的主动性。"[9]朱滢还把 Searle 的自我观和我在拙著《哲学导论》"超越自我"一章中所讲的自我观作了对比："Searle 代表西方哲学对自我的看法，张世英代表中国哲学对自我的看法。"[10]"他们之间最根本、最明显的区别在于，Searle 只谈个体的'自我'，个人认同问题，只字不谈'自我'与他人的关系，张世英则不讨论个人认同问题，为什么要有'自我'这个概念，只谈论'自我'与他人的关系。并且对西方传统哲学那样执着于'自我'持批评态度。""可以说，Searle 的自我观是法制社会的产物，强调一个人必须对他的思想和行动在法律上负责。而张世英的自我观则是人情社会的产物，更强调人所处的周围环境对一个人的思想和行动负责。"[11]朱滢认为，东、西方不同的自我观是两种不同的文化产物。[12]他说："自我是文化的产物，一般认为，东方亚洲文化培育了互依型的自我（interdependent self），而西方文化培育了独立型的自我（independent self）。"这种"互依型的自我"表现在中国人的自我观念上就是，"倾向于从社会角色和关系来界定个人的自我概念，自我与他人并没有一清二楚的界限，人们习惯于从关系中去认识一切，将个人看成群体的一分子，是群体里的一个角色，而不是独立的个体。中国人的自我概念包括母亲等十分亲近的人。"[13]西方的"独立型自我"则如"所罗门在反思西方社会时指出的"，"倾向于认为我们真正的、本质的或本真的自我仅为我们自己所独有，而我们与他人的关系则相对来说是次要的，或者从某种意义上来说是外在的"[14]。因此，西方"独立型的自我"把包括母亲在内的"任何其他人"都看成"非自我"，而不像东方人那样把"父母、亲人、好朋友"等都看成属于自我概念范围内的"自家人"[15]。

朱滢作为心理学家做了大量的实验和社会调查，证明了中国人的自我观属于"互依型的自我",西方人的自我观属于"独立型的自我";证明了不同的自我观与不同的文化之间的密切关系:"美国文化下人们通过关注自我并发现和表达自身独特的内在特质而保持自我的独立性,而在东亚文化下,人们则注重自我与他人间的内在联系,强调关注他人,与他人保持和谐的互动关系。"例如西方人更多地使用个人的特征来描述自我,而中国人则更多地使用所处的社会地位、所扮演的社会角色来描述自我。[16]与此相联系的是,西方文化影响下的人对他人的行为常常作"特质归因",即归因于行为者个人的特质;东方文化影响下的人则更多地作"情境归因","更多地考虑到情境因素的影响"[17]。又如,"在行为动机方面,拥有独立型自我的个体在拥有自主权时内在动机最高,任务完成得最好,而拥有依赖型自我的东亚人却不尽然,关系取向使他们对于他人做出选择的情境下也表现出较高的动机。"例如由母亲、权威人士"为其做出选择时,表现出最高的内在动机,任务也完成得最好"[18],如此等等。朱滢由此得出结论:"中国人依赖于别人的观点,而英美人依赖自己的观点。""东方人的自我概念强调同他人的关系。离开了父母、好朋友、同事等，自我的内容就很少了，而英美国家是绝对独立的自我。自我不包括好朋友、父母、同事等，只包括他自己。"[19]朱滢同时也指出：不能把这种东、西方的差异绝对化，"尽管独立型自我主要分布在西方，互依型自我主要分布在东方，但东、西方人都具有这两种自我结构。"[20]

结合 Searle 和朱滢的研究和论述，我以为西方的"独立型自我"可以归结为自由、理性、个性三大特点，自我乃是一个遵照理性而自由行动的独特个体。如果能以此作为自我的标本，则东方的"互依型自我"实不能算是自我。我在拙著《哲学导论》中多处谈到，自我源于主、客体之间的明确划分，中国传统哲学不重视作为认识主体的自我与作为认识客体（对象）的非自我之间的区分，两者在中国传统哲学中浑然一体，故中国传统哲学不讨论"自我是什么"的问题。[21]孔子的"仁者爱人"，是讲的人与人之间的关系，尽管不能说不是一种自我观，但并未回答"自我是什么"的问题。孟子主张"万物皆备于我"，这里的我与万物本为一体，无人我之分，实无独立的我之可言。

道家到了庄子则更明确地提出了"至人无己"（《逍遥游》）的命题。"无己"就是"无我"，没有自我。可以毫不夸大地说，作为中国本土文化支柱的儒家与道家文化中，大体上说来，"无我"是一条根本原则，"我"（自我）的观念在中国传统文化中，一般说来不过是一个自私、私己的贬义词。我在《哲学导论》等论著中指出，中国传统文化中"无我"的观念优点在于崇奉人的高远境界，缺点在于缺乏独立自我的创造性，缺乏主、客二分的观点。我们应当学习、吸纳西方主、客二分的思维方式，即"独立型的自我"观。但西方的这种自我观已越来越暴露了极端的人类中心主义和唯自我中心主义的缺点，所以我在"超越自我"一文中又着重阐述了超越西方独立型自我的观点，其中心意思是要取长补短，会通中西，走出一条既尊重自我的独立性又有关注他人的高远境界的新的哲学道路。我的主张并不代表中国传统哲学的自我观，但我从朱滢先生的著作《文化与自我》中认识到，中国传统的那种"更依赖于别人的自我观"根深蒂固，学习、吸纳西方那种"依赖自己"的"独立型自我"观，远非一朝一夕所能完成。我过去总爱说，"不能亦步亦趋地先花几百年时间补西方文化思想之课，然后再来纠偏"，现在由于更深切地意识到传统之顽固，我觉得中华文化要想求得新生，还是需要先多花点时间，做点补课的功夫，当然不是亦步亦趋。近年来我讲的"超越自我"之"超越"，未免提得过早了，强调得过多了。我毕竟还是一个在中国传统文化背景下成长起来的中国人的"自我"！当前，我们还是应当在会通中西、取长补短的大原则和总趋势下，更着重注意学习、吸纳"独立型的自我观"。

参考文献

［1］朱滢 . 文化与自我 . 北京：北京师范大学出版社，2007. 第 16 页 .

［2］同上书，第 15 页 .

［3］同上书，第 16 页 .

［4］同上书，第 48 页 .

［5］同上书，第 17 页 .

［6］同上书，第 27-28 页 .

［7］同上书，第 67 页 .

[8] 同上书，第84页.

[9] 同上书，第87页.

[10] 同上书，第89页.

[11] 同上书，第113页.

[12] 同上书，第173页.

[13] 同上书，第7页

[14] J. R. Searle, Mind-A Brief Introduction. New York. Oxford University Press, 2004. 292.

[15] Ibid. pp. 294-295.

[16] Ibid. p. 295.

[17] Ibid. p. 297.

[18] Ibid. p. 296.

[19] Ibid. pp. 293-294.

[20] Ibid. p. 212.

[21] Ibid. pp. 213-214.

《寻找中国人的自我》读后感

自我，是一个既简单又复杂的概念。它简单，因为对大多数人来说，自我汇聚了一个人对自身存在的体验。我们反思一些人生经历，并通过周围的家人、朋友、同事，甚至是陌生人的反馈，逐渐完善对自我的了解。自我，又是一个极其复杂的、富有哲理的学术概念。它是一个系统性的认知机构，由自我态度、情感信仰、价值观、世界观、行为活动等因素组成，从而令许多中外学者着迷。

我看到这本书的时候，颇有相见恨晚的感触，我好想对它说："你为什么现在才来？"而《寻找中国人的自我》自复道："我与你相遇虽说偶然，但我是带着使命来与你相见的。"

作为一个来自中国又在美国学习工作二十余载的传播界学者，我无数次被中西文化的差异所震撼，也屡屡深切感受到文化对自我形成、自我行为和自我认识的影响。

看到这本书的目录和序言瞬间，我就已被深深地吸引，我仔细地读着、品着……这本书好像在记叙我的经历，如同两位智者在与我娓娓谈心，回顾我的人生：在中国度过了童年、少年、青年，经历了高考、上大学、工作，又在美国读博、工作，跟年轻的博士生一起探讨科研……这本书如同记载了我的人生，一个在中西文化中往返穿梭的学者的人生。这本书告诉读者，自我就在那里，等着你去寻找，只有在不断寻找回味、反复摸索的过程中，你才会找寻到逐步完善的自我。在寻找的过程中，这本"小书"就是密林中的一个向导，会让你克服迷茫，帮你认识中西文化对自我的根深蒂固的影响，从而让你瞬间恍然大悟地对《寻找中国人的自我》说：你让我找到了自我。

自我、本体、认识、存在，这些既抽象又具体的哲学概念无时无刻不在影响着我们，让我们感受到自己的存在，感觉到自己既是一个鲜活、与众不同的独立个体，又是群体中的一员。我们周围的世界日益复杂化、市场化、全球化、媒体化。这些变化让我们兴奋、有认同感，有时也让我们失落、有恐惧感。人们常说，美国是童年的乐园、青年人的战场、老年人的坟墓。

我要说，不管是什么文化，无论年少抑或年长，我们都有失去自我的时候。书，却是生活中不可或缺的珍品，它可以帮助我们找寻迷失的自我。通过阅读，我们可以认识到一个不同的文化世界。读书丰富自我、塑造自我。这本书是知识，是力量，是帮助我们认识自我路上的一朵温馨美丽的向阳花。这本《寻找中国人的自我》让我爱不释手。

美国堪萨斯大学教授

张雁冰

后　记

本书的出版，得到了许多人的帮助。

著名哲学家张世英先生慷慨允许我们引用他的文章作为本书的附录。张先生对我们的帮助不止于此。作为心理学家，我们只是具体地研究了中国人的自我是怎样的，而作为哲学家，张先生指明了中国人的自我应该是怎样的。他说，"西方文字，'我'字大写，中国人则爱自称'鄙人'。在世界文化发展的洪流中，我们中国人也该改变一下老传统，在世界文化史上堂堂正正地写上一个大写的'我'字，做一个大写的人"（张世英，《中西文化与自我》，2011）。为中国人"做一个大写的人"而努力，这也就是本书写作的目的。

著名心理学家林崇德先生为本书找到她的婆家——北京师范大学出版社。说来也巧，2007年朱滢曾在北京师范大学出版社出版《文化与自我》一书，该书是林崇德先生建立的"当代中国心理学家文库"中的一员。可以说，今天的《寻找中国人的自我》是 2007 年《文化与自我》的通俗版，两本书的出版都充满了林先生浓浓的情谊。

张文新教授热情地提供了他的关于我国青少年的心理学研究论文，为我们写作第九章创造了有利的条件，我们深表感激。

写作过程中我们得到北京大学心理系张天扬博士生的许多帮助，陆岩女士做了大量文字处理工作并对书稿写作提出重要意见，北京师范大学出版社的编辑为本书的出版付出了辛勤的劳动，我们深表感谢。

朱滢　伍锡洪

2017 年 2 月

图书在版编目(CIP)数据

寻找中国人的自我 / 朱滢,伍锡洪著. —北京:
北京师范大学出版社,2017.5(2017.11重印)
ISBN 978-7-303-21526-3

Ⅰ.①寻… Ⅱ.①朱… ②伍… Ⅲ.①自我-研究
Ⅳ.①B017.9

中国版本图书馆 CIP 数据核字(2016)第 265340 号

营 销 中 心 电 话 010-58805072 58807651
北师大出版社学术著作与大众读物分社 http://xueda.bnup.com

XUNZHAO ZHONGGUOREN DEZI WO
出版发行:北京师范大学出版社 www.bnup.com
　　　　　北京市海淀区新街口外大街 19 号
　　　　　邮政编码:100875
印　　刷:北京盛通印刷股份有限公司
经　　销:全国新华书店
开　　本:890 mm×1240 mm　1/32
印　　张:6.125
字　　数:98 千字
版　　次:2017 年 5 月第 1 版
印　　次:2017 年 11 月第 2 次印刷
定　　价:35.00 元

策划编辑:关雪菁　张丽娟　　　责任编辑:李洪波
美术编辑:王齐云　　　　　　　装帧设计:王齐云
责任校对:陈　民　　　　　　　责任印制:马　洁